D1163065

PEGGY PORSCHEN

BOUTIQUE de PASTELERÍA

інные пироже

pasteles, cupcakes y otras delicias

BLUME

FOTOGRAFÍAS DE
GEORGIA GLYNN SMITH

A mi querido esposo Bryn,
por dejarme tener mi pastelería «rosa»
y por dármelo todo y más

BLUME

Título original
Boutique Baking

Dirección editorial Jane O'Shea
Dirección creativa Helen Lewis
Editora de proyecto Lisa Pendreigh
Asistente de edición Louise McKeever
Diseño Helen Bratby
Fotógrafa Georgia Glynn Smith
Estilista Vicky Sullivan

Traducción
Ana María Pérez Martínez
Especialista en temas culinarios

Coordinación de la edición en lengua española
Cristina Rodríguez Fischer

Primera edición en lengua española 2013
Reimpresión 2013, 2014 (2)

© 2013 Naturart, S. A. Editado por BLUME
Av. Mare de Déu de Lorda, 20
08034 Barcelona
Tel. 93 205 40 00 Fax 93 205 14 41
e-mail: info@blume.net
© 2012 Quadrille Publishing Ltd, Londres
© 2012 del texto, las recetas y el diseño
Peggy Porschen
© 2012 de las fotografías Georgia Glynn Smith
(salvo página 5, superior derecha;
página 67, superior centro © Adam Ellis)

ISBN: 978-84-15317-08-1

Impreso en China

WWW.BLUME.NET

Preservamos el medio ambiente. En la producción de nuestros
libros procuramos, con el máximo empeño, cumplir
con los requisitos medioambientales que promueven la conservación
y el uso responsable de los bosques, en especial de los bosques
primarios. Asimismo, en nuestra preocupación por el planeta,
intentamos emplear al máximo materiales reciclados, y solicitamos
a nuestros proveedores que usen materiales de manufactura
cuya fabricación esté libre de cloro elemental (ECF) o de metales
pesados, entre otros.

CONTENIDO

BIENVENIDO A BOUTIQUE DE PASTELERÍA

Es un placer presentarles mi nuevo libro basado en recetas deliciosas de mi último proyecto, el Peggy Porschen Parlour. Tras dirigir durante siete años una exitosa compañía de pastelería de diseño, he alcanzado el sueño de toda mi vida al abrir mi primera boutique de pasteles en el hermoso barrio londinense de Belgravia. El salón, que ofrece deliciosos pasteles y preparaciones complementados por mezclas de cafés y tés artesanos, ha sido descrito como el «paraíso de los pasteles».

Siempre me ha gustado hornear pasteles deliciosos. Mis primeros recuerdos infantiles se remontan a mi primer cumpleaños, sentada cerca de un hermoso pastel de cumpleaños recubierto de mazapán con el nombre «Peggy» glaseado por encima. A lo largo de los años siguientes, degustar pasteles de cumpleaños y hornear galletas de Navidad con mi madre y mi hermano fueron ocasiones muy esperadas. Empecé realizando mis primeros pasteles a los 14 años, y muy pronto supe que no había nada que me gustara más que esto, por lo que decidí dedicarme profesionalmente a la pastelería. Procedente de una nación famosa por su cultura repostera, el sabor siempre fue tan importante para mí como el aspecto del pastel, por lo que me matriculé en la escuela culinaria londinense de Le Cordon Bleu, donde completé el Gran diploma de cocina y pastelería. Posteriormente trabajé para algunos de los más renombrados pasteleros del Reino Unido, antes de crear mi primer negocio, Peggy Porschen Cakes en 2003. Mi proyecto pronto emprendió el vuelo y empecé a preparar pasteles para celebridades, estableciéndome rápidamente como uno de los nombres más importantes en diseño de pasteles en Londres. Durante el año 2005 publiqué mi primer libro, *Pretty Party Cakes*, que obtuvo el premio del Gourmand World Cook Book Award en la categoría de «Mejor libro de cocina para fiestas». La empresa ha ido afianzándose, y si me preguntaran cuántos pasteles he preparado desde los inicios, posiblemente no podría decirlo.

En octubre de 2010 abrí el Peggy Porschen Parlour, que me ha ofrecido la oportunidad de crear mi primera colección de *cupcakes*, pasteles a capas y pastelería de temporada «lista para degustar». Si antes creaba mis pasteles para celebraciones por encargo, en la actualidad éstos son accesibles a un mayor número de personas. Aquellos de ustedes que estén familiarizados con mi trabajo son conscientes del cuidado que pongo en que mis preparaciones sean bonitas. Al abrir el salón, me enfrenté al reto de crear una colección de pasteles y preparaciones para todos los días, que no sólo fueran deliciosos, sino que al mismo tiempo pudieran colocarse sin desmerecer cerca de los pasteles

para fiestas. Ello supuso meses de pruebas, degustaciones y errores, pero el arduo trabajo mereció la pena durante el verano de 2011; no había transcurrido un año desde la inauguración, cuando fuimos premiados con cinco estrellas de oro por la Guía *Fine Foods Great Taste Awards*. El menú del salón es muy apreciado por nuestros clientes de Belgravia, y encuentro muchos motivos de satisfacción al desarrollar mis ideas y preparaciones.

He decidido compartir una selección de mis recetas favoritas con ustedes en *Boutique de pastelería*, el primer libro inspirado por mi trabajo en la pastelería. Repleto de pasteles deliciosos, preparaciones caseras y dulces, muchas ideas están inspiradas en antiguas recetas de temporada, como el pastel de chocolate Battenberg y la tarta de cerezas, influencias estacionales para Navidad y primavera, y recetas inspiradas en mis raíces germánicas, como las fabulosas galletas Springerle y los suntuosos *cupcakes* Selva Negra; también he añadido una selección de recetas para bebidas para complementar mis preparaciones e inspirar tés perfectos.

He tomado todas las precauciones necesarias para asegurarme de que cada receta pueda ser preparada por reposteros de todos los niveles, y lo he demostrado utilizando utensilios sencillos y técnicas fáciles con las que se pueda elaborar un sencillo bizcocho o pastas sin necesidad de ser un experto, obteniendo un acabado deliciosamente profesional. Para los reposteros más experimentados ofrezco diseños más elaborados, como mi pueblo de jengibre, un hermoso pastel de frambuesas y rosas, así como una idea sorprendente para un pastel navideño.

Al escribir el libro he redescubierto lo mucho que me gusta la pastelería. Creo que es divertida y terapéutica, y que los pasteles pueden hacer feliz a la gente. Espero que usted también se entusiasme y disfrute horneando las recetas de este libro, que me gustaría que se convirtiera en una fuente de inspiración durante muchos años. ¡Disfrute!

CAPRICHOS DELICIOSOS

BESOS DE MERENGUE

ESTOS MINIMERENGUES DE COLOR PASTEL SON FÁCILES Y ADORABLES,
ADEMÁS, APORTAN UN TOQUE ENCANTADOR A UNA MESA EN CUALQUIER OCASIÓN.
SI SE PRESENTAN EN BONITOS FRASCOS DE CRISTAL TIENEN UN ASPECTO DELICIOSO Y SE CONSERVAN BIEN.
SON UN REGALO PERFECTO CUANDO SE ENVUELVEN EN BOLSITAS DE CELOFÁN.

Para unos 100 merengues

ingredientes

100 g de claras de huevo
(3 huevos grandes)
una pizca de sal
100 g de azúcar blanquilla
100 g de azúcar de lustre, tamizado
colorante alimentario rosa, azul y amarillo

utensilios

equipo básico para hornear
(*véase* pág. 172)
3 mangas pasteleras grandes
3 boquillas en forma de estrella

Precaliente el horno a 80 °C. Forre dos placas de hornear con papel sulfurizado.

Ponga las claras de huevo y una pizca de sal en el cuenco de la batidora eléctrica y empiece batiendo a velocidad alta. Asegúrese de que el cuenco no tenga grasa, pues de lo contrario las claras no subirían bien.

A medida que las claras vayan espesándose, agregue lentamente el azúcar blanquilla. Deje de batir cuando el merengue esté firme y brillante, pero no lo bata en exceso.

Incorpore poco a poco el extracto de vainilla y luego el azúcar de lustre sobre la preparación de merengue utilizando una espátula de goma.

Forme tres partes con la preparación de merengue; conserve la primera al natural, mezcle la segunda con colorante alimentario rosa para obtener un tono rosa pastel, y la tercera con colorante alimentario azul y amarillo para conseguir un tono azul aguado.

Coloque una boquilla en forma de estrella en cada manga pastelera y llene cada una con un merengue de cada color. Forme pequeñas rosetas sobre las placas forradas.

Introduzca los merengues en el horno precalentado durante 2 o 3 horas o hasta que estén completamente secos.

Póngalos en un recipiente hermético en un lugar fresco y seco. Se conservarán hasta 3 meses.

BARRITAS DE CHOCOLATE CRUJIENTE CON MALVAVISCOS Y PISTACHOS

PRESENTAMOS ESTA RECETA EN EL SALÓN CON OCASIÓN DE LA BODA REAL ENTRE GUILLERMO Y CATALINA. POSTERIORMENTE ME ENTERÉ DE QUE EL PASTEL DE CHOCOLATE REFRIGERADO ES EL POSTRE FAVORITO DE GUILLERMO Y QUE SE SIRVIÓ DURANTE EL DESAYUNO EL DÍA DE LA BODA. ES TAN POPULAR ENTRE NUESTROS CLIENTES QUE HA MERECIDO UN LUGAR EN ESTE LIBRO.

Para un pastel cuadrado de 20 cm

ingredientes

200 g de mantequilla, ablandada
600 g de chocolate negro (mínimo 53 % de cacao),
picado o en botones
6 cucharadas de jarabe de melaza dorado
290 g de pastas de té de mantequilla,
picadas gruesas
75 g de pistachos pelados, picados gruesos
150 g de avellanas peladas, tostadas y picadas
90 g de malvaviscos pequeños rosas y blancos

utensilios

equipo básico para hornear
(*véase* pág. 172)
molde cuadrado de 20 cm
o fuente profunda de tamaño similar

Forre el molde o fuente con papel sulfurizado.

Ponga la mantequilla, el chocolate y el jarabe en un cuenco de plástico grande y derrítalos suavemente en el microondas a potencia media. Como alternativa, ponga los ingredientes en un cazo y derrítalos a fuego lento, removiendo de vez en cuando, hasta que la preparación esté homogénea.

En otro cuenco, mezcle las pastas troceadas con los frutos secos y los malvaviscos. Agréguelos a la preparación de chocolate y remueva bien.

Vierta el conjunto en el molde preparado, y extiéndalo uniformemente con una espátula de goma. Refrigere hasta que esté firme y cuajado. Corte en barritas de unos 2,5 cm de grosor.

Las barritas se conservan refrigeradas hasta 1 semana.

TARTAS DE CEREZAS

UN ENFOQUE MODERNO PARA UN CLÁSICO BRITÁNICO; LA FAMOSA TARTA *BAKEWELL*.
PARA SEGUIR CON LAS CEREZAS, DECORE LAS TARTAS CON AZÚCAR Y CEREZAS
Y *FONDANT* ROSA.

Para aproximadamente 20 tartas

ingredientes

Para la pasta dulce
150 g de mantequilla, ablandada
90 g de azúcar blanquilla
30 g de huevo (½ huevo grande), batido
200 g de harina
50 g de almendras molidas
una pizca de sal
Para el mazapán
115 g de mantequilla, ablandada
115 g de azúcar blanquilla
la ralladura de 1 limón
1 cucharadita de extracto de almendras
1 huevo mediano
110 g de almendras molidas
40 g de harina con levadura
una pizca de sal
Para el relleno
150 g de confitura de cerezas de calidad
Para la decoración
2 cucharadas de confitura de albaricoque,
tamizada
500 g de *fondant* líquido
1 cucharadita de glucosa
un poco de almíbar de azúcar simple
(si fuese necesario, *véanse* págs. 61-62)
un poco de pasta de azúcar
un poco de glaseado real
(*véanse* págs. 182-183)
colorante alimentario rosa, rojo,
verde y marrón

utensilios

equipo básico para hornear
(*véase* pág. 172)
20 tartaletas acanaladas
vaporizador de aceite
manga pastelera de plástico para dibujar
mangas pasteleras de papel
(*véase* pág. 184)
termómetro de azúcar

Precaliente el horno a 160 °C.

Para la pasta dulce

Ponga la mantequilla y el azúcar en un cuenco y bata hasta que se mezclen bien, pero no deje que la preparación quede esponjosa. Incorpore gradualmente el huevo batido.

Tamice sobre otro cuenco la harina, las almendras y la sal. Agréguelos por tandas a la mezcla de mantequilla. Envuelva la masa en film de plástico y refrigérela 1 hora.

Para el mazapán

Bata la mantequilla, el azúcar, la ralladura de limón y el extracto de almendras hasta que la preparación blanquee y esté esponjosa. Continúe batiendo y agregue el huevo poco a poco.

Tamice las almendras, la harina y la sal en otro cuenco. Agregue por tandas a la preparación de mantequilla hasta que estén tan sólo mezcladas.

Para montar las tartaletas

Extienda la pasta dándole de 2 a 3 mm de grosor. Forre los moldes ligeramente engrasados. Ponga en el fondo 1 cucharadita de la confitura de cerezas. Refrigere 30 minutos.

Ponga el mazapán en una manga pastelera y llene los moldes hasta el borde. Asegúrese de que deja un poco de espacio, pues el mazapán se extenderá durante el horneado.

Hornee en el horno precalentado de 15 a 20 minutos, o hasta que la superficie esté dorada y el mazapán bien cocido. Retire las tartas de los moldes y déjelas enfriar.

Para decorar

Una vez las tartas estén frías, caliente la confitura de albaricoque hasta que esté fluida. Pincélela sobre las superficies de las tartas y deje cuajar.

Caliente el *fondant* en un cazo pequeño a fuego medio, pero no lo deje hervir. Debe alcanzar una temperatura de unos 48 a 52 °C y una buena consistencia de vertido. Si ésta fuese demasiado espesa, diluya con un poco de almíbar de azúcar.

Añada la glucosa y el colorante rosa para obtener un tono rosa claro. Ponga el *fondant* en un cuenco grande.

Tome una tartaleta cada vez y sosténgala hacia abajo sobre el *fondant* caliente hasta alcanzar el borde acanalado de la tarta. Levántela rápidamente para que el exceso de *fondant* caiga en el cuenco, y deje cuajar.

Si la primera tartaleta no ha quedado perfecta, pásela de nuevo por el *fondant* en cuanto la primera capa haya cuajado. Asegúrese de que el *fondant* siempre esté caliente y fluido; para ello, vuelva a calentarlo cuando sea necesario.

Mezcle dos tercios de la pasta de azúcar con el colorante rojo para obtener un color rojo cereza. Forme bolitas pequeñas del mismo tamaño con las manos; prepare 2 por tartaleta.

Mezcle el último tercio de la pasta de azúcar con el colorante verde y, con un rodillo pequeño, extienda la pasta sobre la superficie de trabajo espolvoreada con azúcar de lustre, dándole de 1 o 2 mm de grosor. Corte formas de hojas pequeñas y marque el centro con el dorso de un cuchillo de cocina pequeño.

Mezcle una pequeña parte del glaseado real con colorante alimentario marrón hasta que tenga una consistencia blanda (*véase* pág. 183). Llene una manga pastelera de papel con el glaseado marrón. Corte una punta pequeña en el borde de la manga y extienda los tallos de las cerezas. Presione las cerezas y las hojas por encima utilizando el resto del glaseado marrón.

CUCURUCHOS DE PASTEL

SIMPLEMENTE NO PODÍA MENOSPRECIAR LA CRECIENTE AFICIÓN
POR LOS CUCURUCHOS DE PASTEL, QUE AQUÍ PRESENTO CON MI PROPIA VERSIÓN,
UTILIZANDO *FONDANT* PARA SUMERGIR O *FONDANT* PASTELERO PARA RECUBRIRLOS.
SU TEXTURA ES LISA Y BRILLANTE Y SE DERRITEN DE INMEDIATO EN LA BOCA.

Para unos 12 cucuruchos

ingredientes

400 g de bizcocho de vainilla
(½ receta, *véase* pág. 116)
600 g de *ganache* blando (*véase* pág. 105)
12 cucuruchos de helado pequeños
1 kg de azúcar blanquilla aproximadamente,
o el suficiente para llenar un cuenco pequeño
600 g de *fondant* líquido
(también llamado pastelero)
un poco de almíbar de azúcar simple
(si fuese necesario, *véanse* págs. 61-62)
una selección de colorantes alimentarios
azucarillos de colores

utensilios

equipo básico para hornear
(*véase* pág. 172)
placa
guantes de goma (opcional)
manga pastelera de plástico
12 copas de plástico
termómetro de azúcar

Siguiendo la receta de la página 116, prepare un bizcocho de vainilla. Siga la receta de la página 105, para elaborar la *ganache*. Deje enfriar hasta que adquiera una textura blanda mantecosa.

Llene unos cuencos de plástico pequeños con 1 kg de azúcar blanquilla y comprímalo lo máximo posible. Esto ayudará a que los cucuruchos se mantengan estables mientras cuaja el *fondant*.

Forre una placa de hornear con papel sulfurizado.

Para las bolas de pastel
Desmenuce el bizcocho y ponga las migas en un cuenco mezclador. Añada la *ganache* en pequeñas cantidades y mezcle hasta que quede homogéneo. Con la ayuda de las manos, forme 12 bolas del mismo tamaño y colóquelas sobre la placa preparada. Quizás desee emplear guantes de goma, pues se trata de un trabajo algo pegajoso. Refrigere hasta que hayan cuajado.

Para montar los cucuruchos
Ponga el resto de la *ganache* en una manga pastelera de plástico. Corte el borde a unos 2,5 cm del extremo de la punta. Rellene el cucurucho con la *ganache* hasta que alcance el borde. Coloque una bola de pastel fría encima y presiónela hacia abajo para asegurarse de que se pega a la *ganache*. Inserte el cucurucho en una copa de plástico y congele hasta que cuaje. Repita la operación con el resto de cucuruchos y bolas de pastel.

PARA MONTAR LOS CUCURUCHOS, LLÉNELOS CON LA *GANACHE* Y PRESIONE UNA BOLA
DE PASTEL REFRIGERADA POR ENCIMA. UNA VEZ QUE HAYA CUAJADO, SUMERJA LA BOLA DE HELADO
EN EL *FONDANT* LÍQUIDO Y CUBRA LA SUPERFICIE CON AZUCARILLOS DE COLORES.

Para decorar

Derrita el *fondant* en el microondas a potencia media hasta que esté líquido. Asegúrese de que no hierva, pues perdería su tono brillante. Mezcle con la glucosa y un poco de jarabe de azúcar para adecuar la consistencia de vertido. Ésta debe ser espesa, algo que se alcanza a una temperatura de 48 a 52 °C. Con ello se asegura de que el *fondant* cuaje inmediatamente una vez sumergido el pastel.

Distribuya el *fondant* a partes iguales y mézclelo con los colores elegidos. Utilice cuencos pequeños suficientemente profundos para sumergir las bolas.

Tome un cucurucho a la vez y sumérjalo boca abajo en el *fondant* hasta alcanzar la base del cono. Levántelo enseguida y deje caer el resto del *fondant*. Cubra con los azucarillos mientras el *fondant* todavía esté blando.

Inserte el cucurucho en el cuenco lleno de azúcar blanquilla y deje cuajar. Puede poner los cucuruchos uno al lado de otro, pero asegúrese de que no se toquen.

Se conservan hasta 5 días a temperatura ambiente. No los refrigere, pues el *fondant* se derretiría.

LOS *MACARONS* DE PEGGY

ESTA RECETA ESTÁ PENSADA PARA EL REPOSTERO EXPERIMENTADO, PUES REQUIERE
PACIENCIA Y PRECISIÓN. PERO NO DEBE SENTIRSE INTIMIDADO. UNA VEZ QUE DOMINE LA TÉCNICA
VALE LA PENA. EN ESTA RECETA UTILIZO MI PROPIA CONFITURA DE FRAMBUESA Y ROSAS
PARA EL RELLENO, PERO PUEDE EMPLEAR SUS PROPIAS COMBINACIONES DE SABOR.

Para unos 100 *macarons*

ingredientes

200 g de almendras molidas
200 g de azúcar de lustre
200 g de claras de huevo
200 g de azúcar blanquilla
100 ml de agua
colorante alimentario (opcional)

utensilios

equipo básico para hornear (*véase* pág. 172)
lápiz permanente
boquilla redonda de 8 mm de diámetro
cortapastas pequeño en forma de corazón
(opcional)
termómetro de azúcar
mangas pasteleras de plástico

Precaliente el horno a 150 °C. Prepare las placas para los *macarons*. Corte hojas de papel sulfurizado para forrar dos placas iguales. Con el lado plano de una boquilla grande redonda y un cortapastas en forma de corazón, dibuje círculos y corazones en el reverso del papel a intervalos regulares.

Mezcle bien en el robot de cocina las almendras molidas y el azúcar de lustre y tamice la preparación sobre un cuenco grande. Reserve (esta técnica se conoce como «tanto por tanto»).

Para el merengue italiano, ponga la clara en un cuenco limpio seco. Reserve una cucharada de la clara para mezclarla posteriormente con el colorante.

Vierta en un cuenco pequeño el azúcar blanquilla con el agua. Disuelva el azúcar a fuego medio y lleve el almíbar a ebullición. Con un termómetro para azúcar, mida la temperatura del almíbar. Cuando alcance 115 °C, empiece a batir las claras de huevo. Aumente gradualmente la velocidad hasta que las claras estén blancas y espumosas. Una vez el almíbar haya alcanzado 121 °C, reduzca lentamente la velocidad y viértalo con cuidado sobre las claras en forma de hilo fino, por el lado del cuenco para que no salpique sobre las varillas.

Una vez haya incorporado todo el almíbar, continúe batiendo con rapidez hasta que el merengue se haya enfriado a temperatura ambiente; necesitará de 5 a 10 minutos.

Una vez que el merengue esté frío, añada su colorante preferido a la clara reservada y bata con el merengue.

PARA OBTENER UN EFECTO MARMOLEADO, PINCELE TRES TIRAS DE COLORANTE ALIMENTARIO EN EL INTERIOR DE LA BOQUILLA ANTES DE PONERLA EN LA MANGA PASTELERA. LLENE CON LA PREPARACIÓN Y EXTIENDA.

Con una espátula de goma, incorpore el «tanto por tanto» al merengue en tres tandas. Mezcle suave, pero a fondo, para asegurarse de que la preparación esté lisa y homogénea en el momento de extenderla. La cantidad que vaya a depositar y su consistencia es crucial para los resultados; la mezcla debe caer de forma fácil y limpia sobre la espátula, pero no debe ser tan líquida para no mantener su forma al extenderla con la manga.

Coloque la boquilla en la manga. Con la ayuda de una espátula de goma, llene la manga hasta la mitad con la preparación de *macaron*.

Utilice un poco de esta mezcla para fijar el papel en su lugar: presione una pequeña cantidad en cada esquina de la parte inferior del papel.

Con los círculos dibujados como guía, cree pequeños redondeles. Para acabar los círculos, cese de aplicar presión sobre la manga, forme un movimiento circular con la boquilla y retírela enseguida. Ello asegurará que no se forme un pico sobre el *macaron*.

Para los corazones, trace una bola sobre la superficie superior del corazón y lleve la manga hacia abajo para formar la parte fina. Repita la operación en el otro lado. Si la mezcla tiene la consistencia correcta, los trazos pequeños deben encogerse formando una superficie lisa.

Una vez que los *macarons* estén formados, golpee suavemente la placa sobre la superficie de trabajo para que desaparezcan las pequeñas burbujas de aire; si todavía queda alguna, rómpala con un palillo. Deje secar un poco, de 15 a 30 minutos en un lugar seco. Debe poder tocar la superficie de los *macarons* sin que se pegue el dedo.

Tan pronto como los *macarons* formen una película seca, colóquelos en los estantes inferiores del horno y reduzca inmediatamente la temperatura a 135 °C. Si su horno irradia el calor por encima, coloque una placa sobre la de los *macarons* para evitar que se doren demasiado.

Hornee unos 15 minutos, dando la vuelta a las placas durante la cocción. Los *macarons* estarán cocidos cuando sus superficies estén secas. Tan pronto estén listos, retire la placa del horno y coloque el papel con los *macarons* todavía adheridos al mismo sobre un paño húmedo. Deje reposar unos minutos y a continuación retire los *macarons*.

Conserve en un recipiente hermético a temperatura ambiente hasta dos días, o en el congelador durante más tiempo. Una los *macarons* con el relleno elegido el día que vaya a consumirlos, y una vez los haya rellenado refrigérelos una hora antes de degustarlos, ya que ayudará a que se reblandezcan, a la vez que desarrollan todos los sabores.

PARA FORMAR UN CORAZÓN, EXTIENDA UNA BOLA SOBRE LA
PARTE SUPERIOR Y LLEVE HACIA ABAJO. REPITA POR EL OTRO LADO.

sabores

Frambuesa y rosa Coloree la mezcla de *maca-rons* con colorante rosa. Al extenderla, pinte el interior de la boquilla con tres líneas gruesas de pasta alimentaria de color para obtener un efecto rayado. Una los *macarons* con confitura de frambuesa y rosa; espésela calentándola de 3 a 4 minutos en el microondas. Deje que se enfríe un poco antes de extenderla.

Chocolate Sustituya 50 g de almendras por 50 g de cacao en polvo y siga la receta. Si lo desea, añada un poco de colorante alimentario marrón a la mezcla de *macaron* para obtener un color más oscuro. Una los *macarons* con *ganache* de chocolate negro (*véase* pág. 105).

sin problemas

Claras de huevo Deben separarse con unos días de antelación y dejarse destapadas en la nevera para que se evapore parte de la humedad y las claras se endurezcan. Lleve las claras a temperatura ambiente antes de usarlas. En caso de duda, añada una cucharadita de *Meri-White* a las claras para evitar el efecto «aguado».

Macarronado Éste es el momento en que se ha de incorporar el «tanto por tanto» al merengue. La consistencia obtenida es muy importante; si la mezcla es demasiado dura, las superficies no quedarán lisas una vez extendida la preparación; pero si es demasiado líquida no conservará su forma y puede producir motas de grasa sobre la superficie de los *macarons* una vez horneados. En caso de duda, extienda un poco de la mezcla sobre la placa y levante un pequeño pico sobre la superficie. Si está lisa, el pico deberá encogerse gradualmente sobre la superficie. Si el pico se mantiene en su sitio, la preparación debe incorporarse un poco más. El secado también es importante para que la superficie de los *macarons* se seque antes de hornear. Si no los deja secar, las superficies no quedarán lisas ni se formará «un pie» en la base. Si los seca demasiado, quedará lisa pero no se formará ningún pie.

Horneado Todos los hornos son diferentes, por lo que es muy importante que conozca bien el suyo, y sepa a qué temperatura trabaja mejor. Generalmente, es necesaria una temperatura baja para que los *macarons* no se doren demasiado; además, es importante que las placas estén en la parte inferior del horno. Algunos cocineros consideran que los *macarons* pueden hornearse demasiado rápido en la base del horno, por lo que recomiendo que utilice dos placas, una sobre otra, para hornearlos. He observado que su superficie puede dorarse con demasiada rapidez, por lo que es interesante colocar una placa vacía en el estante superior. Si hornea los *macarons* durante demasiado tiempo se separarán con facilidad del papel, pero quedarán un poco secos y posiblemente demasiado dorados; para evitar la sequedad puede ponerlos en un recipiente hermético en la nevera durante un día para ablandarlos. Si no están bien horneados, quedarán demasiado blandos y no se separarán del papel con facilidad; además, se encogerán y desarrollarán motitas grasas sobre la superficie.

MINIDONUTS DE CANELA

ESTAS PEQUEÑAS DELICIAS NO SÓLO TIENEN UN ASPECTO ESTUPENDO, SINO QUE TAMBIÉN
TIENEN UN SABOR MARAVILLOSO; ADEMÁS, LLEVAN POCA GRASA, PUES SE HORNEAN EN VEZ DE FREÍRSE.
CONSTITUYEN UN BONITO REGALO SI SE ENVUELVEN O COLOCAN EN BONITOS RECIPIENTES.

Para unos 36 donuts

ingredientes

110 g de harina
½ cucharadita de levadura en polvo
¼ cucharadita de canela molida
una pizca de sal
65 g de azúcar blanquilla
25 g de azúcar moreno claro
1 huevo mediano
45 g de leche entera
40 g de suero
½ cucharadita de extracto de vainilla
15 g de mantequilla, derretida
600 g de *fondant* líquido
(también llamado *fondant* pastelero)
1 cucharadita de glucosa
un poco de almíbar de azúcar simple
(si fuese necesario, páginas 61-62)
una selección de colorantes alimentarios líquidos
50 g de chocolate negro, derretido

utensilios

equipo básico para hornear (*véase* pág. 172)
3 placas para minidonuts
vaporizador de aceite
manga pastelera de plástico (opcional)
termómetro de azúcar

Precaliente el horno a 160 °C. Prepare las placas para los minidonuts engrasando cada cavidad con aceite.

Tamice juntas la harina, la levadura, y la canela molida, la sal y el azúcar sobre un cuenco mezclador. Bata en otro cuenco el huevo, la leche, el suero, el extracto de vainilla y la mantequilla derretida.

Vierta los ingredientes líquidos sobre los secos y mezcle brevemente hasta que estén justo incorporados.

Extienda con una manga pastelera o vierta la preparación sobre las placas, llenándolas justo hasta la mitad.

Hornee de 10 a 12 minutos, hasta que las superficies se encojan al tocarlas y estén ligeramente doradas.

Derrita el *fondant* en el microondas a potencia media hasta que esté líquido. Asegúrese de que no hierva, pues perdería su aspecto brillante. Mézclelo con la glucosa y añada un poco de almíbar de azúcar para ajustar la consistencia, que debe ser espesa. La temperatura del *fondant* debe ser de unos 48 a 52 °C; con ello, éste cuaja una vez sumergida la pieza.

Distribuya el *fondant* en partes iguales en cuencos pequeños profundos y mézclelo con los colores elegidos.

Sumerja cada donut cara abajo en el *fondant* hasta que quede cubierto por la mitad. Déjelo enfriar ligeramente y reparta por encima el chocolate con una cucharilla o tenedor. Deje cuajar.

COJINES DE MALVAVISCO

SIRVA ESTOS ATRACTIVOS COJINES DE MALVAVISCO CON UNA TAZA DE CHOCOLATE CALIENTE CASERO (*VÉANSE* PÁGS. 164-165). LOS HE PREPARADO EN FORMA DE CÚPULA, PERO TAMBIÉN PUEDE EXTENDER LA MEZCLA SOBRE UNA PLACA Y UTILIZAR CORTAPASTAS PARA OBTENER FORMAS DIVERTIDAS.

Para unos 60-70 cojines pequeños

ingredientes

280 ml de agua
6 láminas de gelatina
620 g de azúcar blanquilla
130 g de glucosa
70 g de claras de huevo (unos 2 huevos
grandes a temperatura ambiente)
una pizca de sal
las semillas de 1 vaina de vainilla
colorante líquido alimentario rosa, púrpura y
verde

utensilios

equipo básico para hornear (*véase* pág. 172)
termómetro de azúcar
manga pastelera de plástico
moldes de silicona en forma de cúpula,
de unos 4,5 cm de diámetro
vaporizador de aceite

Ponga la gelatina en un cazo con 130 ml de agua. Déjela remojar de 10 a 15 minutos. Caliéntela suavemente hasta que las hojas se hayan disuelto. Como alternativa, puede disolverla en el microondas a potencia media y a pequeños intervalos.

Ponga en un cazo pequeño 320 g de azúcar blanquilla y la glucosa con el resto del agua. Caliente a fuego lento hasta que el azúcar se haya disuelto, luego suba el fuego y lleve a ebullición.

Con la ayuda de un termómetro de azúcar, mida la temperatura del almíbar. Cuando alcance 115 °C, vierta las claras en un cuenco mezclador con la gelatina disuelta y la sal y empiece a batir. Una vez que el almíbar alcance 121 °C, deje de batir y vierta cuidadosamente el almíbar sobre las claras en forma de hilo, dejándolo caer por las paredes del cuenco para que no salpique las varillas.

Una vez lo haya incorporado, continúe batiendo con rapidez hasta que el malvavisco se haya enfriado a temperatura ambiente. Una vez frío, mezcle con las semillas de vainilla.

Para colorear, divida la preparación en partes iguales y agregue el color a cada una con una espátula. Ponga cada una de ellas en una manga pastelera con una espátula de goma. Corte la manga a unos 2,5 cm del extremo inferior y deposite la mezcla de malvavisco sobre las cavidades de los moldes. Deje secar durante varias horas.

Mientras, prepare los azúcares coloreados. Distribuya el resto del azúcar blanquilla en 3 cuencos y mezcle cada uno con unas gotas del colorante alimentario líquido, de los mismos colores que los malvaviscos. Tamice para que no queden grumos.

Una vez que los malvaviscos hayan cuajado por completo, retírelos de los moldes y páselos por los azúcares. Déjelos secar descubiertos toda la noche antes de introducirlos en recipientes herméticos. De esta forma se conservan hasta 5 días.

PASTAS Y GALLETAS
DELICIOSAS

MARIPOSAS CÍTRICAS

ESTAS BONITAS PASTAS EN FORMA DE MARIPOSA CON SU TOQUE CÍTRICO SON UN ACOMPAÑAMIENTO PERFECTO PARA UNA TAZA DE TÉ AROMÁTICO. SU DECORACIÓN SENCILLA PERO EFECTIVA APORTA UN BONITO TOQUE ARTESANO SIN COMPROMETER SU DELICADO SABOR.

Para unas 25 mariposas

ingredientes

250 g de mantequilla, ablandada
250 g de azúcar blanquilla
una pizca de sal
Para las pastas de naranja
la ralladura de 2 naranjas
Para las pastas de limón
la ralladura de 3 limones
Para las pastas de lima
la ralladura de 3 limas
1 huevo grande
500 g de harina, y un poco más para espolvorear
azúcar de lustre, para espolvorear

utensilios

equipo básico para hornear (*véase* pág. 172)
selección de cortapastas en forma de mariposa
selección de plantillas cortadas a láser para pasteles o galletas, o bien unas blondas

Precaliente el horno a 175 °C. Forre una placa de hornear con papel sulfurizado.

Para las pastas
Ponga la mantequilla, el azúcar, la sal y la ralladura elegida en un cuenco mezclador, y bata hasta conseguir una textura lisa y cremosa.

Bata el huevo en otro cuenco y añádale lentamente la preparación de mantequilla, batiendo hasta que esté bien incorporada.

Tamice la harina y mezcle bien la masa. Forme una bola, envuélvala en film de plástico y refrigérela 30 minutos como mínimo o hasta que la masa esté firme y fría.

Coloque la masa sobre una superficie enharinada y amásela brevemente.

Extiéndala dándole unos 3 o 4 mm de grosor. Con la ayuda de una selección de cortapastas en forma de mariposa, corte las formas y colóquelas sobre las placas preparadas. Refrigere otros 30 minutos o hasta que estén frías y firmes.

Hornee 6 minutos o hasta que estén doradas por los bordes.

Una vez horneadas, déjelas reposar durante 30 minutos fuera del horno.

Para decorar
Una vez frías, coloque las plantillas o las blondas sobre las pastas. Con un tamiz de malla fina, espolvoree las pastas con azúcar de lustre. Levante con cuidado las plantillas para dejar al descubierto los motivos.

consejo

Hornee siempre las pastas del mismo tamaño sobre una placa, pues de lo contrario las más pequeñas se quemarían mientras hornea las grandes.

GALLETAS *SPRINGERLE*

ESTAS GALLETAS SON ORIGINARIAS DE ALEMANIA Y SE PREPARAN TRADICIONALMENTE CON MOLDES DE MADERA TALLADOS. LA RECETA LLEVA SAL DE HARTSHORN O CARBONATO DE AMONIO (VOLÁTIL DE SAL) COMO AGENTE LEVANTE, QUE HACE QUE LAS PASTAS MANTENGAN SU FORMA. PREPARE ESTAS GALLETAS POR NAVIDAD, PUES SON PERFECTAS COMO ADORNO DEL ÁRBOL O PARA REGALAR.

Para unas 20 galletas

ingredientes

¼ cucharadita de sal de Hartshorn (carbonato de amonio o volátil de sal)
1 cucharada de leche
3 huevos medianos
380 g de azúcar de lustre
la ralladura de 1 limón
50 g de mantequilla salada, ablandada
500 g de harina, y un poco más para espolvorear

utensilios

equipo básico para hornear (*véase* pág. 172)
selección de moldes para galletas *springerle*

Prepare la masa uno o dos días antes de hornear.

Para las galletas
Ponga la sal de Hartshorn y la leche en un cuenco pequeño. Mezcle y reserve. Tenga en cuenta que esta sal desprende un olor fuerte.

Bata en otro cuenco los huevos hasta que blanqueen y estén espumosos. Agregue gradualmente el azúcar de lustre, la ralladura de limón y la mantequilla en trozos pequeños; luego incorpore la mezcla de sal de Hartshorn. Siga mezclando durante 30 minutos.

Incorpore poco a poco la harina. Una vez la masa sea demasiado difícil de mezclar, amásela con el resto de harina incorporándola poco a poco. La textura debe ser ligera y no debe pegarse. Una vez que adquiera la consistencia deseada, no añada más harina, pues se endurecería demasiado.

Extienda la masa sobre la superficie de trabajo enharinada dándole de 10 a 15 mm de grosor. Presione el molde firmemente contra la masa y levántelo. Recorte con un cuchillo el exceso de masa de los bordes de la galleta. También puede usar un cortapastas del tamaño adecuado. Para obtener círculos u óvalos, recorte alrededor del molde antes de levantarlo para asegurarse de que la forma no se romperá.

Coloque las galletas en una placa de hornear forrada con papel sulfurizado. Deje secar de 24 a 48 horas, dependiendo del tamaño.

Precaliente el horno a 225 °C, y hornee de 15 a 20 minutos, dependiendo del tamaño o hasta que las galletas estén ligeramente doradas por la base y blancas por encima. Durante el horneado, las bases se expandirán revelando sus formas perfectas.

Estas galletas son blandas, pero se endurecen rápidamente. Se conservan hasta un mes en un recipiente hermético. En caso de que sólo las utilice para decorar pueden conservarse varios meses.

PASTAS DE FLORES

ESTA TÉCNICA PERMITE DECORAR DE FORMA RÁPIDA Y SENCILLA PASTAS COMUNES. UTILICE UN SIMPLE MOLDE DE SILICONA PARA OBTENER LAS FLORES DE PASTA DE AZÚCAR. SI LAS REALIZA EN VARIOS COLORES, SERÁN UN MAGNÍFICO OBSEQUIO PARA UNA FIESTA

Para unas 30-40 pastas

ingredientes

200 g de mantequilla, ablandada
200 g de azúcar blanquilla
las semillas de 1 vaina de vainilla
una pizca de sal
1 huevo mediano
400 g de harina, y un poco más
para espolvorear
600 g de pasta de azúcar
2 cucharaditas de goma tragacanto
colorante alimentario amarillo, naranja,
rosa y rojo en pasta
un poco de grasa vegetal (opcional)
un poco de confitura de albaricoque,
tamizada

utensilios

equipo básico para hornear (*véase*
pág. 172)
cortapastas de 4-5 cm de diámetro
molde de silicona en forma de
crisantemo

Precaliente el horno a 175 °C. Forre dos placas para hornear con papel sulfurizado.

Para las pastas

Ponga la mantequilla, el azúcar, las semillas de vainilla y la sal en un cuenco mezclador y bata hasta que la mezcla esté cremosa y homogénea.

Bata el huevo en otro cuenco y añádale lentamente la preparación de mantequilla sin dejar de batir, hasta que esté bien incorporada.

Tamice la harina por encima y mezcle bien. Forme una bola con la masa, envuélvala en film de plástico y refrigérela al menos durante 30 minutos, o hasta que esté firme y fría.

Coloque la masa sobre la superficie de trabajo enharinada y amásela brevemente. Extiéndala dándole de 4 a 5 mm de grosor. Con un cortapastas redondo, corte 30 círculos y colóquelos sobre las placas preparadas. Refrigere 30 minutos o hasta que esté fría y firme.

Hornee durante 6 minutos o hasta que las pastas estén doradas por los bordes. Una vez estén horneadas, déjelas reposar 30 minutos fuera del horno.

Para decorar

Amase la pasta de azúcar con la goma hasta que la mezcla le parezca firme y elástica.

Divida la pasta de azúcar en cuatro partes iguales. Mezcle la primera con una pequeña cantidad de colorante alimentario amarillo en pasta para obtener un tono limón, la segunda con naranja para conseguir un tono melocotón claro, y la tercera con rosa para un tono rosado pálido. Para obtener un tono coral, mezcle un poco de las pastas roja y naranja y utilice dicha preparación para colorear la cuarta parte. Si la pasta de azúcar se pega a los dedos al colorearla, añádale un poco de grasa vegetal.

Una vez haya coloreado la pasta de azúcar, cúbrala con film de plástico para evitar que se seque. Déjela reposar durante 30 minutos para que se endurezca un poco.

Siguiendo las instrucciones de la página 175, prepare una flor de crisantemo para cada galleta, utilizando las diferentes pastas de azúcar coloreadas.

Para fijar las flores a las pastas, caliente un poco la confitura de albaricoque en un cazo. Pincele una capa pequeña de la misma sobre cada galleta y luego coloque encima las flores. Deje cuajar.

CUCHARILLAS DE CHOCOLATE

TODO ESTÁ EN LOS PEQUEÑOS DETALLES... UNA ENCANTADORA CUCHARILLA DE
PASTA DE CHOCOLATE PUEDE APORTAR UN TOQUE ESPECIAL A UNA SENCILLA TAZA DE TÉ.

Para unas 30 cucharillas

ingredientes

200 g de mantequilla, ablandada
200 g de azúcar blanquilla
una pizca de sal
1 huevo mediano
350 g de harina, tamizada
50 g de cacao en polvo, tamizado

utensilios

equipo básico para hornear (*véase* pág. 172)
cortapastas en forma de cucharilla (utilizo uno de
un juego de cortapastas de galletas para el té)

Para las pastas
Ponga la mantequilla, el azúcar y la sal en un
cuenco mezclador y mezcle hasta que la preparación esté cremosa y homogénea.

Bata ligeramente el huevo en otro cuenco e
incorpórelo lentamente a la mezcla de mantequilla batiendo hasta que se incorporen bien.

Tamice la harina y el cacao en polvo y mezcle
con la preparación anterior hasta que la masa
esté homogénea. Forme una bola con la misma, envuélvala en film de plástico y refrigere
durante 30 minutos como mínimo o hasta que
la masa esté firme y fría.

Colóquela sobre una superficie enharinada y
amásela brevemente. Extiéndala dándole unos
3 o 4 mm de grosor, y corte formas con un
cortapastas en forma de cucharilla; póngalas
sobre la placa preparada. Refrigere durante
30 minutos o hasta que estén frías y firmes.

Hornee durante 6 minutos o hasta que las pastas se encojan al tocarlas. Una vez horneadas,
déjelas reposar unos 30 minutos fuera del
horno.

NECESITARÁ DOS MANGAS PASTELERAS DE PAPEL PARA CADA COLOR: UNA RELLENA CON GLASEADO
BLANDO PARA LOS CONTORNOS, Y OTRA CON GLASEADO MÁS LÍQUIDO PARA LAS FORMAS.

GALLETAS PARA EL CALENDARIO DE ADVIENTO

ÉSTA ES UNA IDEA ENCANTADORA PARA UN CALENDARIO DE ADVIENTO
CASERO. PUEDE COLGAR LAS GALLETAS EN LA PARED, O PEGARLAS SOBRE UNA
BASE DE PASTEL CUBIERTA CON PASTA DE AZÚCAR. TAMBIÉN PUEDE COLGARLAS
DE UN ÁRBOL CON UNA CINTA, O EN UNA CORONA.

Para unas 24 galletas

ingredientes

1 receta para masa de jengibre (*véase* pág. 48)
harina, para espolvorear
600 g de glaseado real (*véanse* págs. 182-183)
colorante alimentario rojo, verde, rosa, marfil,
negro y naranja en pasta
lustre de oro comestible
un poco de alcohol límpido, como vodka
un poco de gel para la manga

utensilios

equipo básico para hornear (*véase* pág. 172)
selección de cortapastas de Navidad (como
Santa Claus, hombre de las nieves, árbol de
navidad, trineo, estrella, bastón de caramelo, hoja
de acebo, calcetín) y un cortapastas cuadrado
mangas de papel para hornear (*véase* pág. 184)
bolsas de plástico de cierre hermético
pincel plano y ancho

AL EMPLEAR LUSTRE COMESTIBLE, PRIMERO PINCELE LA GALLETA CON GLASEADO DE COLOR
MARFIL, PUES PROPORCIONA UNA BUENA BASE PARA EL POLVO DE ORO

Precaliente el horno a 180 °C. Forre dos placas de hornear con papel sulfurizado.

Para las galletas

Extienda la masa de jengibre sobre la superficie de trabajo enharinada dándole de 4 a 5 mm de grosor. Corte varias formas navideñas con su selección de cortapastas y colóquelas sobre las placas preparadas. Refrigere 30 minutos como mínimo.

Hornee de 6 a 8 minutos, dependiendo del tamaño, o hasta que las galletas se encojan al tocarlas y se oscurezcan ligeramente por los bordes.

Una vez estén horneadas, déjelas reposar unos 30 minutos fuera del horno.

Para glasear las galletas

Siga las instrucciones de la página 184 y prepare dos mangas pasteleras. Necesitará dos mangas para cada color de glaseado; una la llenará con glaseado blando para dibujar los contornos y otra con glaseado más líquido para trazar el interior de las formas. Una vez preparadas, reserve cada manga en una bolsa de plástico de cierre hermético para evitar que el glaseado se seque durante su uso.

Al glasear las galletas, delinee siempre y llene la galleta con un color a la vez; deje que el glaseado se seque por completo antes de añadir el color siguiente. Esto ayuda a que los diferentes colores se mezclen unos con otros.

Para cada color, tome la manga rellena con el glaseado blando y corte una pequeña sección en el borde de la manga. Dibuje el contorno del área coloreada sobre la galleta. Luego tome la manga rellena con el glaseado líquido del color correspondiente y dibuje el centro del área contorneada.

Una vez haya pincelado y pintado todas las galletas, déjelas secar por completo. Utilice el glaseado blando de diferentes colores para dibujar cualquier detalle necesario.

Las galletas de copos de nieve no se colorean con el glaseado, el detalle se extiende directamente sobre las galletas utilizando glaseado blando de color blanco.

Para decorar con lustre dorado

Glasee las galletas con glaseado de color marfil y déjelas secar. Esto proporciona una buena base para el lustre dorado. Mezcle pequeñas cantidades de lustre en polvo, alcohol límpido y gel para obtener una pasta densa para la manga. Utilizando un pincel plano y ancho, pincele la pasta sobre el glaseado marfil y déjelo secar.

PUEBLO DE JENGIBRE

CREE UN PUEBLO ENCANTADOR CON UNA COLECCIÓN DE CASITAS DE JENGIBRE, HOMBRECILLOS Y COPOS DE NIEVE, QUE COLGARÁ SOBRE EL ÁRBOL DE NAVIDAD PARA CONSEGUIR UNA BONITA DECORACIÓN NAVIDEÑA.

Para unas 25-30 galletas, dependiendo del tamaño

ingredientes

5 cucharadas de agua
210 g de azúcar moreno claro
3 cucharadas de melaza
3 cucharadas de jarabe de melaza dorado
3 cucharadas de jengibre molido
3 cucharadas de canela molida
1 cucharadita de clavo molido
250 g de mantequilla con sal, fría y en dados
1 cucharadita de bicarbonato sódico
560 g de harina, y un poco más para espolvorear
½ receta de glaseado real (*véanse* págs. 182-183)

equipo

equipo básico para hornear (*véase* pág. 172)
selección de cortapastas en forma de casitas, copos de nieve, hombrecitos y mujercitas
pequeño taladro eléctrico para uso alimentario, de unos 4 mm de diámetro
plantillas de casas cortadas al laser
pangas pasteleras de papel (*véase* pág. 184)
minicaramelos (opcional)
cinta de cuadraditos roja, para colgar

Precaliente el horno a 200 °C. Forre dos placas de hornear con papel sulfurizado.

Para el pan de jengibre
Ponga el agua, el azúcar moreno, la melaza, el jarabe de melaza, el jengibre molido, la canela y los clavos en un cazo hondo. Lleve a ebullición a fuego medio removiendo sin cesar. Retire del fuego, añada gradualmente la mantequilla en dados y mezcle bien. Incorpore el bicarbonato sódico, teniendo en cuenta que la mezcla aumentará de tamaño. Deje reposar a temperatura ambiente.

Una vez fría, pase la preparación a un cuenco grande. Incorpórela con la harina hasta obtener una masa ligeramente húmeda y pegajosa. Envuélvala en film de plástco y refrigérela 2 horas o hasta que esté fría y firme.

Extienda la masa sobre la superficie de trabajo enharinada dándole de 5 a 6 mm de grosor. Utilizando su selección de cortapastas, corte casas, copos de nieve, hombres y mujeres, y colóquelos

sobre las placas preparadas. Refrigere durante 30 minutos como mínimo.

Hornee de 8 a 10 minutos, dependiendo del tamaño, o hasta que las galletas se encojan al tocarlas y estén ligeramente más oscuras por los bordes.

Para preparar los agujeros para las cintas
Una vez las galletas estén horneadas, retírelas del horno y déjelas enfriar por completo. Para obtener los agujeros, utilizo un pequeño taladro eléctrico con una pequeña broca limpia y esterilizada. Coloque las galletas sobre una rejilla para enfriar, luego, sosteniendo el taladro en sentido vertical, realice un pequeño agujero en la parte superior de la galleta. Este método evita que ésta se rompa.

Como alternativa, mientras las galletas todavía estén calientes, utilice un cortapastas fino redondo o la punta de una boquilla larga fina para realizar los agujeros. Puesto que las galletas estarán calientes, tenga cuidado de no quemarse los dedos al usar este método.

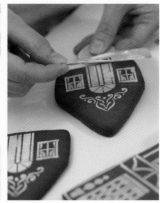

EL ESTARCIDO PUEDE PARECER MÁS DIFÍCIL DE LO QUE REALMENTE ES. UNA VEZ EL GLASEADO TOQUE LA GALLETA, AYUDARÁ A QUE LA PLANTILLA SE MANTENGA EN SU LUGAR.

Para glasear las galletas

Siguiendo las instrucciones de la página 182, prepare el glaseado real mezclándolo hasta obtener una consistencia de picos blandos. Reservélo tapado con un paño húmedo para evitar que se seque.

Para decorar las casitas, coloque una plantilla sobre la superficie de una galleta, y sosténgala hacia abajo por un extremo para evitar que se mueva. Con la ayuda de un cuchillo paleta, extienda una pequeña cantidad de glaseado finamente sobre la plantilla, asegurándose de que todos los agujeros queden bien cubiertos. El glaseado parece más espeso de lo que realmente es, pues una vez toca la plantilla ésta lo mantiene en su lugar. Levante con cuidado la plantilla y deje que la galleta se seque. Limpie la plantilla antes de emplearla de nuevo.

Para decorar los copos de nieve y los hombres y mujeres de jengibre, siga las instrucciones de la página 184. Prepare una manga pastelera de papel, llénela con glaseado real con una consistencia de picos blandos y corte una sección pequeña en el extremo de la manga. Dibuje los contornos y los detalles sobre cada galleta. Utilice la misma manga para dibujar los contornos de las casas. Mientras el glaseado todavía esté húmedo, pegue los caramelos sobre los hombres de jengibre.

Una vez todas las galletas estén decoradas y secas, pase las cintas por los agujeros. Cuelgue las galletas del árbol de Navidad para obtener un bonito pueblo de jengibre.

consejo

Con humedad, las galletas se ablandan. Si el aire es demasiado seco, el glaseado puede caer.

EL SECRETO DE DIBUJAR CON LA MANGA CONSISTE EN EMPLEAR EL MÉTODO DESCRITO EN LA PÁGINA 185, EN EL QUE LA MANGA PASTELERA SE SITÚA JUSTO SOBRE LA GALLETA.

ESTRELLAS DE VINO ESPECIADO

ESTA DELICIOSA Y SENCILLA RECETA PARA PASTAS ES PERFECTA PARA NAVIDAD. DISFRUTE DE LA MISMA CON VINO ESPECIADO (*VÉASE* PÁG. 168).
COMO ALTERNATIVA, PUEDE AROMATIZAR LAS PASTAS CON CONFITURA DE NARANJAS ESPECIADA

Para unas 20 estrellas

ingredientes

250 g de mantequilla, ablandada
250 g de azúcar blanquilla
1 cucharadita de canela molida
una pizca de sal
1 huevo grande
500 g de harina, y un poco más
para espolvorear
azúcar de lustre, para espolvorear
350 g de confitura de vino especiado de
Peggy o cualquier otra confitura de bayas
especiadas de calidad

utensilios

equipo básico para hornear (*véase*
pág. 172)
cortapastas grande en forma de estrella
cortapastas

Precaliente el horno a 175 °C. Forre una placa de hornear con papel sulfurizado.

Para las pastas
Ponga la mantequilla, el azúcar, la canela y la sal en un cuenco mezclador e incorpore hasta que la preparación esté homogénea y cremosa.

Bata ligeramente el huevo en otro cuenco y añádalo lentamente a la mezcla anterior, batiendo bien para que se incorpore.

Tamice la harina por encima e incorpore hasta que la masa esté justo mezclada. Forme una bola con la misma, envuélvala en film de plástico y refrigérela al menos 30 minutos o hasta que esté firme y fría.

Colóquela sobre la superficie de trabajo enharinada y amásela brevemente.

Extiéndala dándole de 3 a 4 mm de grosor. Utilizando un cortapastas grande en forma de estrella, corte 30 estrellas y colóquelas sobre la placa preparada.

Con la ayuda de un cortapastas pequeño en forma de estrella, corte los centros de 15 formas de estrellas. Puede reutilizar la masa cortada para preparar más estrellas. Refrigere de nuevo durante 30 minutos o hasta que estén firmes.

Hornee 6 minutos o hasta que las estrellas estén doradas por los bordes.

Una vez estén horneadas, déjelas reposar unos 30 minutos fuera del horno.

Para montar las pastas
Caliente suavemente la confitura en un cazo hasta que esté lisa. Extienda una cucharadita de la misma de forma uniforme sobre las estrellas enteras.

Espolvoree ligeramente las estrellas recortadas con azúcar de lustre y póngalas sobre las estrellas enteras cubiertas con confitura.

EL PARAÍSO DE LOS
CUPCAKES

CUPCAKES BANOFFEE

ES UNA DE LAS PREPARACIONES FAVORITAS DEL SALÓN. ESTA RECETA ES UNA FUSIÓN DE
UN BANANA *SPLIT* Y UNA TARTA BANOFFEE. SE TRATA DE UNA DELICIOSA COMBINACIÓN DE BIZCOCHO
DE VAINILLA, CHIPS DE CHOCOLATE CRUJIENTES Y UN GLASEADO ESPONJOSO. EL SECRETO ESTRIBA
EN EL RELLENO DE *TOFFEE* CREMOSO Y PLÁTANOS PICADOS.

Para unos 24 *cupcakes*

Para la decoración
50 g de pasta de azúcar blanca para modelar
flores
un poco de grasa vegetal
colorante alimentario marrón y amarillo en pasta
un poco de glaseado real
(*véanse* págs. 182-183)

Para el glaseado
200 g de queso crema entero
200 g de mantequilla, ablandada
500 g de azúcar de lustre, tamizado
50 g de puré de plátano congelado (o prepárelo
usted mismo con plátano fresco)

Para el bizcocho
200 g de mantequilla, ablandada
200 g de azúcar blanquilla
una pizca de sal
las semillas de 1 vaina de vainilla
4 huevos medianos
200 g de harina con levadura
70 g de chocolate negro (mínimo 53 % de cacao),
picado en trozos pequeños

Para el almíbar de azúcar
150 ml de agua
150 g de azúcar blanquilla
1 vaina de vainilla raspada

para el relleno
200 g de dulce de leche o caramelo blando
(o prepárelo usted mismo hirviendo una lata de
leche condensada durante 3 horas)
1 plátano grande maduro

utensilios

equipo básico para hornear
tabla de plástico pequeña antiadherente
cortapastas de flor de cinco pétalos e
incisionador
manga pastelera (*véase* pág. 184)
paleta de pintor o placa de espuma perforada
para secar los pétalos
dos moldes para *muffins* de 12 cavidades
24 moldes de papel
sacabolas de melón
mangas pasteleras de plástico
boquilla redonda grande

Para la decoración

Siguiendo las instrucciones de la página 174, prepare la decoración de las flores con un día de antelación, antes de montar y servir los *cupcakes*. Prepare una flor por cada *cupcake*.

Mezcle la pasta de azúcar con un poco de grasa vegetal y la pasta alimentaria marrón para obtener un color marrón chocolate. Incorpore el glaseado real con la pasta amarilla siguiendo las instrucciones de las páginas 182-183. Utilizando un cortapastas en forma de flor y otro para las nervaduras, prepare 24 flores de azúcar y ponga una mota amarilla en el centro de cada flor. Deje secar.

Para el glaseado

Vierta el queso crema en un cuenco mezclador y bata hasta que esté homogéneo y cremoso.

Ponga en otro cuenco la mantequilla y el azúcar de lustre. Reserve la vaina de vainilla para el almíbar de azúcar. Bata bien hasta que la mezcla esté ligera y esponjosa.

Agréguele poco a poco el queso crema y bata a velocidad media-alta hasta que el glaseado esté mezclado. Incorpore el puré de plátano y refrigere hasta que cuaje.

Para los *cupcakes*

Ponga la mantequilla, el azúcar, la sal y las semillas de vainilla en un cuenco mezclador y bata hasta que la preparación esté pálida y esponjosa.

Bata ligeramente los huevos en otro cuenco e incorpórelos lentamente a la mezcla de mantequilla batiendo rápidamente. Si la preparación empieza a separarse o romperse, no añada más huevo e incorpore, sin dejar de batir, 2 o 3 cucharadas de harina, ya que ligará la pasta.

Una vez haya incorporado toda la preparación de mantequilla, añada el resto de harina y remueva hasta que la masa esté justo mezclada. Esto asegurará que los bizcochos se conserven ligeros y esponjosos. Agregue el chocolate picado con una espátula de goma.

Con una manga pastelera de plástico o cuchara, disponga con cuidado la masa en los moldes, llenándolos hasta dos tercios de su altura.

Hornee de 12 a 15 minutos, dependiendo del horno. Los *cupcakes* estarán cocidos cuando las superficies estén doradas y se encojan al tocarlos. En caso de duda, inserte un cuchillo fino limpio o una broqueta de madera en el centro de cada uno; debe salir limpio.

Para el jarabe de azúcar

Mientras hornea los *cupcakes*, prepare el almíbar de azúcar para remojar. Vierta el agua, el azúcar y la vaina de vainilla en un cazo y lleve a ebullición. Cueza a fuego lento hasta que todo el azúcar se haya disuelto. Reserve para que se enfríe ligeramente y deseche la vaina de vainilla.

Una vez haya horneado los *cupcakes*, déjelos reposar unos 10 minutos fuera del horno. Con la ayuda de un pincel de pastelería, remoje las superficies de los *cupcakes* con el almíbar de azúcar mientras todavía estén calientes. De esta forma, el almíbar se absorbe más rápidamente.

Cuando los pastelitos estén tibios, retírelos de las placas y déjelos enfriar sobre una rejilla metálica.

Una vez fríos, envuélvalos en film de plástico y refrigérelos 1 hora o hasta que el bizcocho esté firme al tacto. Utilizando un sacabolas de melón, vacíe las partes superiores de los *cupcakes*.

Para el relleno

Aplaste el plátano con un tenedor y luego mézclelo con el dulce de leche. Póngalo en una manga pastelera de plástico y rellene las partes vaciadas de los *cupcakes*.

Para decorar

Siguiendo las instrucciones de la página 178, prepare una manga pastelera de plástico provista de una boquilla redonda grande lisa. Llene con el glaseado frío y extienda sobre cada *cupcake* una espiral de glaseado.

Para terminar, coloque una flor de azúcar sobre el glaseado de cada *cupcake*.

CUPCAKES DE *TOFFEE*

ÉSTE ES NUESTRO *CUPCAKE* MÁS POPULAR DEBIDO A LA TEXTURA DE SU CENTRO
DE CARAMELO. ESTE PASTELITO ES MUY JUGOSO Y TIENE UNA TEXTURA PARECIDA AL PUDÍN.
ES PERFECTO PARA LOS DÍAS FRÍOS LLUVIOSOS DE OTOÑO.

Para unos 24 *cupcakes*

ingredientes

Para la decoración
unos 250 g de mazapán
un poco de grasa vegetal
un poco de cobre en polvo comestible
lustre de oro en polvo
Para el glaseado
200 g de queso crema entero
200 g de mantequilla, ablandada
500 g de azúcar de lustre, tamizado
120 g de dulce de leche, o caramelo blando (o
prepárelo usted mismo hirviendo una lata de
leche condensada en agua durante 3 horas)
Para el bizcocho
70 ml de agua
290 g de dátiles, deshuesados y picados gruesos
1 ½ cucharadita de extracto de vainilla
130 g de mantequilla, ablandada
240 g de azúcar mascabado
290 g de harina con levadura
1 ½ cucharadita de bicarbonato sódico
3 huevos grandes
145 g de nueces, picadas y tostadas
Para el almíbar de azúcar
150 ml de agua
150 g de azúcar blanquilla
Para el relleno
250 g de dulce de leche o caramelo blando
(*véase* superior)

utensilios

equipo básico para hornear (*véase* pág. 172)
molde de hojas otoñales de silicona
pincel grande blando
paleta de pintor o placa de espuma perforada
para secar las hojas
dos moldes para *muffins* de 12 cavidades grandes
24 moldes de papel grandes marrones para
cupcakes
mangas pasteleras de plástico
boquilla grande redonda

Para la decoración
Siguiendo las instrucciones de la página 177, prepare las hojas de decoración al menos con un día de antelación, antes de montarlas y servir. Haga una por *cupcake*.

Precaliente el horno a 175 °C. Prepare los moldes colocando dentro los moldes de papel en las cavidades.

Para el glaseado
Ponga el queso crema en un cuenco mezclador y bata hasta que esté liso y cremoso.

Ponga en otro cuenco la mantequilla y el azúcar de lustre y bata hasta que la mezcla blanquee y esté esponjosa.

Añada poco a poco el queso crema a la preparación de mantequilla a velocidad media-alta, hasta que el glaseado esté mezclado. Incorpórelo con el dulce de leche. Refrigere hasta que cuaje.

Para los *cupcakes*
Ponga los dátiles picados en un cuenco mezclador y vierta encima el agua hirviendo. Deje remojar durante 20 minutos.

CON LA AYUDA DE UNA BOQUILLA LISA REDONDA, DIBUJE UNA ESPIRAL DE GLASEADO SOBRE LA SUPERFICIE DE CADA *CUPCAKE* ANTES DE AÑADIR LA DECORACIÓN FINAL.

Una vez remojados, escúrralos y trocéelos pequeños. Agregue el extracto de vainilla.

Ponga la mantequilla y el azúcar en un cuenco mezclador y bata suavemente hasta que la preparación blanquee y esté esponjosa.

Tamice la harina y el bicarbonato sobre otro cuenco e incorpórelos lentamente a la preparación de mantequilla. Si la mezcla empezara a separarse, deje de añadir huevo y agregue 2 o 3 cucharadas de harina sin dejar de batir. Esto hará que la masa quede ligada.

Una vez haya incorporado todo el huevo a la preparación de mantequilla, incorpore el resto de harina con una espátula de goma, seguida de los dátiles remojados y las nueces picadas. Mezcle ligeramente. Así los bizcochos se conservarán ligeros y esponjosos.

Hornee de 15 a 20 minutos, dependiendo de su horno. Los *cupcakes* estarán cocidos cuando sus superficies estén doradas y al tocarlas recuperen su posición inicial. En caso de duda, inserte un cuchillo limpio o una broqueta de madera en el centro; debe salir limpio.

Para el almíbar de azúcar

Mientras hornea los *cupcakes,* prepare el almíbar de azúcar para remojar. Ponga el agua y el azúcar blanquilla en un cazo y lleve a ebullición. Cueza a fuego lento hasta que el azúcar se haya disuelto. Deje enfriar ligeramente.

Una vez los *cupcakes* estén horneados, déjelos reposar unos 10 minutos fuera del horno. Utilizando un pincel de pastelería, remoje las partes superiores de los mismos con el almíbar de azúcar mientras todavía estén calientes, ya que de este modo el almíbar se absorberá con rapidez.

Cuando los *cupcakes* estén tibios, retírelos de los moldes y déjelos enfriar por completo sobre una rejilla metálica.

Una vez fríos, envuelva los *cupcakes* en film de plástico y refrigérelos 1 hora o hasta que el bizcocho esté firme al tacto. Con la ayuda de un vaciador de melón, retire la parte superior de los *cupcakes*.

Para el relleno

Ponga el dulce de leche en una manga pastelera de plástico y rellene las cavidades de los *cupcakes*.

Para decorar

Siguiendo las instrucciones de la página 178, prepare una manga pastelera de plástico provista de una boquilla grande redonda. Rellene con el glaseado frío. Trace una espiral de glaseado sobre la superficie de cada *cupcake*.

Para terminar, coloque una hoja de mazapán sobre cada *cupcake*.

CUPCAKES SELVA NEGRA

INSPIRADO EN MIS ORÍGENES ALEMANES, HE TRANSFORMADO LA CLÁSICA SELVA NEGRA EN UN *CUPCAKE* ESPECTACULAR. LA CLAVE ESTÁ EN USAR UNAS BUENAS *GRIOTTINES*, UNAS CEREZAS MORELLO SILVESTRES REMOJADAS EN KIRSCH. TIENEN UN SABOR MARAVILLOSO Y SON PULPOSAS Y JUGOSAS.

Para unos 24 *cupcakes*

ingredientes

Para la decoración
unos 150 g de pasta de azúcar blanca para modelar flores
pasta alimentaria rosa y marrón
un poco de glaseado real
un poco de grasa blanca vegetal

Para el glaseado
200 g de queso crema entero
200 g de mantequilla
500 g de azúcar de lustre, tamizado
un poco de almíbar de kirsch (de las cerezas escurridas)

Para la mezcla de pastel
125 g de chocolate negro (mínimo 53 % de cacao), picado o en gotas
165 ml de leche
285 g de azúcar moreno fino
105 g de mantequilla, ablandada
2 huevos grandes
180 g de harina
una pizca de sal
½ cucharadita de levadura en polvo
½ cucharadita de bicarbonato sódico
8 g de cacao en polvo
350 g de cerezas *griottines* (*véase* superior)
50 ml de kirsch

Para el almíbar de azúcar
150 ml de agua
150 g de azúcar blanquilla
un poco de almíbar de kirsch, de las cerezas escurridas (*véase* superior)
50 ml de kirsch

utensilios

equipo básico para hornear (*véase* pág. 172)
placa de plástico pequeña antiadherente
cortador de flores mediano y pequeño
paleta de pintor o placa de espuma perforada para secar las flores
manga pastelera de papel (*véase* pág. 184)
dos moldes para *muffins* de 12 cavidades
24 moldes de papel grandes
mangas pasteleras de plástico
boquilla grande en forma de estrella

Para la decoración
Siguiendo las instrucciones de la página 174, prepare la decoración de las hojas con un día de antelación. Haga dos o tres flores para cada dulce.

Mezcle la pasta de azúcar para modelar con un poco de pasta de colorante alimentario rosa para obtener un tono fucsia. Incorpore el glaseado real con el colorante alimentario marrón siguiendo las instrucciones de las páginas 182-183. Con un cortapastas en forma de flor y un utensilio para im-

primir las nervaduras, prepare unas 72 flores, luego inserte en su centro un poco de la pasta marrón con la manga. Deje secar.

Precaliente el horno a 175 °C. Coloque los moldes de *cupcake* dentro de las cavidades.

Para el glaseado
Ponga el queso crema en un cuenco mezclador y bata hasta que la preparación esté homogénea y cremosa.

CON LA AYUDA DE UNA BOQUILLA EN FORMA DE ESTRELLA, FORME REMOLINOS DE GLASEADO SOBRE LAS SUPERFICIES DE LOS *CUPCAKES*, TERMINANDO CON UN PICO.

Ponga la mantequilla y el azúcar de lustre en un cuenco mezclador y bátalos hasta que la preparación blanquee y esté esponjosa.

Añada poco a poco el queso crema a la mezcla de mantequilla incorporando a velocidad media-alta, hasta que el glaseado esté mezclado.

Aromatice al gusto con unas gotas de kirsch, asegurándose de que el glaseado no quede demasiado líquido. Refrigere hasta que cuaje.

Para los *cupcakes*

Ponga el chocolate, la leche y la mitad del azúcar en un cazo. Lleve lentamente a ebullición sin dejar de remover.

Ponga en un cuenco mezclador la mantequilla y el resto del azúcar y bata hasta que la preparación blanquee y esté esponjosa.

Bata ligeramente los huevos en otro cuenco y mézclelos poco a poco con la preparación de mantequilla.

Tamice la harina, la levadura, el bicarbonato y el cacao en polvo sobre la masa e incorpore con cuidado.

Vierta poco a poco el chocolate caliente sobre la masa y mezcle. Raspe las paredes del cuenco con una espátula de goma, asegurándose de que la masa esté bien mezclada. Pase la masa a una jarra medidora.

Mientras todavía esté caliente, viértala en los moldes de *cupcakes* hasta alcanzar dos tercios de su altura. Deje caer 2 o 3 cerezas *griottines* en cada *cupcake*.

Hornee enseguida de 15 a 20 minutos, dependiendo de su horno. Los *cupcakes* están cocidos cuando sus superficies recuperan su posición inicial al tocarlas. Si inserta un cuchillo afilado o una broqueta de madera en el centro del bizcocho, debe salir con unas migas adheridas.

Para el almíbar de azúcar

Mientras hornea los *cupcakes*, prepare el almíbar de azúcar para remojar. Vierta el agua y el azúcar blanquilla en un cazo y lleve a ebullición. Cueza a fuego lento hasta que los cristales de azúcar se hayan disuelto. Reserve y deje enfriar ligeramente. Aromatice con un poco del almíbar de kirsch y del kirsch mientras todavía estén calientes.

Tan pronto estén horneados los *cupcakes* retírelos del horno. Con un pincel de pastelería, cúbralos con un poco de almíbar de azúcar, mientras todavía estén muy calientes: esto permite que el almíbar se absorba con más rapidez y que se forme una película dura sobre la superficie.

Retire los *cupcakes* del molde y déjelos enfriar por completo sobre una rejilla metálica.

Para decorar

Siguiendo las instrucciones de la página 178, prepare una manga pastelera provista con una boquilla grande en forma de estrella. Llene con el glaseado frío. Dibuje una roseta de glaseado sobre cada *cupcake*.

CUPCAKES DE FRESAS Y CHAMPÁN

UNA DELICIOSA Y SOFISTICADA RECETA DE *CUPCAKE.*
ES PERFECTA PARA UNA FIESTA EN EL JARDÍN. DISFRUTE ESTOS
CUPCAKES CON UNA COPA DE CHAMPÁN ROSADO

Para unos 24 *cupcakes*

ingredientes

Para el glaseado
200 g de queso crema
200 g de mantequilla, ablandada
500 g de azúcar de lustre, tamizado
marc de champán, al gusto
pasta alimentaria rosa

Para el pastel
200 g de mantequilla, ablandada
200 g de azúcar blanquilla
una pizca de sal
las semillas de 1 vaina de vainilla
4 huevos medianos
200 g de harina con levadura

Para el almíbar
150 ml de agua
150 g de azúcar blanquilla
marc de champán, al gusto

Para el relleno
unos 350 g de confitura de fresas y champagne
de Peggy, u otra buena confitura de fresas

Para la decoración
12 fresas pequeñas

utensilios

equipo básico para hornear (*véase* pág. 172)
dos moldes para *muffins* de 12 cavidades
24 moldes de papel de plata
mangas pasteleras de plástico
boquilla grande en forma de estrella

Precaliente el horno a 175 °C. Prepare los moldes colocando dentro los moldes de papel.

Para el glaseado
Ponga el queso crema en un cuenco mezclador grande y bata hasta que la preparación esté lisa y cremosa.

Ponga la mantequilla y el azúcar de lustre en un cuenco mezclador y bata hasta que la preparación blanquee y esté esponjosa.

Agréguele poco a poco el queso crema e incorpore a velocidad media-alta hasta que el glaseado esté mezclado.

Aromatícelo al gusto con el marc de champán, asegurándose de que el glaseado no quede demasiado líquido. Añádale un poco de colorante rosa y mezcle hasta obtener un tono pálido. Refrigere hasta que cuaje.

Para los *cupcakes*
Ponga la mantequilla, el azúcar, la sal y las semillas de vainilla en un cuenco mezclador y bata hasta que la mezcla blanquee y esté esponjosa.

Bata ligeramente los huevos en otro cuenco y viértalos lentamente sobre la preparación de mantequilla sin dejar de batir. Si empieza a separarse, no añada más huevo e incorpore, batiendo, de 2 a 3 cucharadas de harina. Esto hará que la preparación quede licuada.

Una vez haya incorporado todo el huevo, mezcle ligeramente con la harina. Esto asegurará que el bizcocho se conserve ligero y esponjoso.

Con una manga pastelera de plástico o una cuchara, vierta la masa en los moldes hasta llegar a dos tercios de su altura.

Hornee de 12 a 15 minutos dependiendo del horno. Los *cupcakes* estarán cocidos cuando sus superficies estén doradas y al tocarlos recuperen su posición original. En caso de duda, inserte un cuchillo limpio o una broqueta de madera en el centro de cada bizcocho; debe salir limpio.

Para el almíbar de azúcar

Mientras hornea los *cupcakes*, prepare el almíbar de azúcar para el remojo. Ponga en un cazo el agua y el azúcar blanquilla y lleve a ebullición. Cueza a fuego lento hasta que el azúcar se haya disuelto. Deje enfriar. Aromatice al gusto con el marc de champán.

Una vez los *cupcakes* estén horneados, déjelos reposar unos 10 minutos fuera del horno. Con un pincel de pastelería, moje las superficies con el almíbar de azúcar mientras todavía estén calientes; esto permite que el almíbar se absorba con rapidez.

Una vez los *cupcakes* estén tibios, retírelos de los moldes y déjelos enfriar por completo sobre una rejilla metálica.

Una vez fríos, envuélvalos en film de plástico y refrigérelos 1 hora o hasta que al tocarlos los sienta firmes al tacto. Con la ayuda de un vaciador de melón, retire las partes superiores de los *cupcakes*.

Para añadir el relleno

Utilizando una cucharilla, rellene las partes vaciadas con la confitura de frambuesas.

Para decorar

Lave y corte las fresas por la mitad.

Siguiendo las instrucciones de la página 178, prepare una manga pastelera provista con una boquilla en forma de estrella. Llene con el glaseado frío. Extienda una roseta de glaseado sobre la superficie de cada *cupcake*.

Para terminar, coloque una mitad de fresas sobre el glaseado de cada *cupcake*.

CUPCAKES DE LIMÓN Y FRAMBUESA

ESTOS *CUPCAKES* SON LIGEROS, SENCILLOS Y REFRESCANTES, APROPIADOS PARA UN DÍA VERANIEGO. LA COMBINACIÓN DE LIMÓN Y FRAMBUESAS CREA UN EQUILIBRIO PERFECTO QUE CONTRASTA CON EL GLASEADO DULCE DE QUESO CREMA.

Para unos 24 *cupcakes*

ingredientes

Para el glaseado
200 g de queso crema
200 g de mantequilla, ablandada
500 g de azúcar de lustre, tamizado
la ralladura de 2 limones sin tratar

Para el bizcocho
200 g de mantequilla, ablandada
200 g de azúcar blanquilla
una pizca de sal
la ralladura de 2 limones
4 huevos medianos
200 g de harina con levadura
una cajita de frambuesas, y un poco más
para decorar

Para el almíbar de azúcar
150 ml de zumo de limón fresco
150 g de azúcar blanquilla

utensilios

equipo básico para hornear (*véase* pág. 172)
dos moldes para *muffins* de 12 cavidades
24 moldes de papel marrón grandes
mangas pasteleras de plástico
boquilla redonda grande

Precaliente el horno a 175 °C. Prepare los moldes para *muffins* colocando los moldes de papel dentro de las cavidades.

Para el glaseado

Poga el queso crema en un cuenco mezclador y bata hasta que esté liso y cremoso. Ponga la mantequilla, el azúcar de lustre y la ralladura de limón en otro cuenco y bata hasta que la preparación blanquee y esté esponjosa. Añada poco a poco el queso a la mezcla de mantequilla, batiendo a velocidad media-alta, hasta que el glaseado esté incorporado. Refrigere hasta que cuaje.

Para los *cupcakes*

Ponga la mantequilla, el azúcar, la sal y la ralladura de limón en un cuenco mezclador y bata hasta que la preparación esté pálida y esponjosa. Bata ligeramente los huevos en otro cuenco y viértalos poco a poco sobre la mezcla de mantequilla sin dejar de batir. Si la preparación empieza a separarse, deje de añadir el huevo e incorpore, batiendo, de 2 a 3 cucharadas de harina. Esto hará que la masa quede ligada. Una vez haya incorporado todo el huevo a la mezcla de mantequilla, tamice por encima la harina y remueva ligeramente. Esto asegurará que el bizcocho quede ligero y esponjoso.

Llene una manga con la preparación o viértala con una cuchara en los moldes hasta alcanzar dos tercios de su altura. Deje caer 2 o 3 frambuesas en cada *cupcake*. Hornee de 12-15 minutos, dependiendo del horno. Los *cupcakes* estarán cocidos cuando sus superficies estén doradas y al tocarlos recuperen su posición inicial. En caso de duda, inserte un cuchillo limpio o una broqueta de madera en el centro de cada bizcocho; debe salir limpio.

Para el almíbar de azúcar

Mientras hornea los *cupcakes,* prepare el almíbar de azúcar para remojar. Ponga en un cazo el zumo de limón y el azúcar blanquilla y lleve a ebullición. Deje cocer hasta que el azúcar se haya disuelto. Enfríe ligeramente.

Una vez los *cupcakes* estén horneados, déjelos reposar unos 10 minutos fuera del horno. Con un pincel de pastelería, remoje las superficies con el almíbar de azúcar mientras todavía estén calientes; esto permitirá que absorban rápidamente el almíbar. Retire los *cupcakes* de los moldes y déjelos enfriar sobre una rejilla metálica.

Para decorar

Siguiendo las instrucciones de la página 178, prepare una manga pastelera provista de una boquilla grande redonda. Llénela con el glaseado frío. Dibuje una espiral de glaseado sobre cada *cupcake*. Para terminar, coloque una frambuesa sobre el glaseado de cada pastelito.

CUPCAKES DE VAINILLA

ESTA RECETA ES MUY LIGERA Y ESPONJOSA Y EMPLEA VAINILLA
VERDADERA EN SU GLASEADO DE QUESO CREMA. SU BELLEZA ESTRIBA EN SU
SENCILLEZ Y LA PUREZA DE LOS SABORES. A VECES, MENOS ES MÁS.

Para unos 24 *cupcakes*

ingredientes

Para la decoración
50 g de pasta de azúcar blanca para
modelar flores
un poco de grasa blanca vegetal
un poco de glaseado real (*véanse* págs. 182-183)
pasta de colorante alimentario amarilla

Para el glaseado
200 g de queso crema
200 g de mantequilla, ablandada
500 g de azúcar de lustre, tamizado
las semillas de ½ vaina de vainilla
pasta de colorante alimentario amarilla,
naranja y verde pálido

Para el bizcocho
200 g de mantequilla, ablandada
200 g de azúcar blanquilla
una pizca de sal
las semillas de ½ vaina de vainilla
4 huevos medianos
200 g de harina con levadura

Para el almíbar de azúcar
150 ml de agua
150 g de azúcar blanquilla
1 vaina de vainilla raspada sin las semillas

utensilios

equipo básico para hornear (*véase* pág. 172)
tabla de plástico pequeña antiadherente
cortapastas en forma de flor de cinco pétalos
y marcador para nervaduras
paleta de pintor o espuma perforada para
secar las flores
manga pastelera de papel (*véase* pág. 184)
dos moldes para *muffins* de 12 cavidades
24 moldes de papel marrón

Para la decoración
Siguiendo las instrucciones de la página 174, prepare las flores para la decoración un día antes de montar y servir. Haga una flor por *cupcake*.

Mezcle la pasta de azúcar para modelar con un poco de grasa vegetal. Incorpore el glaseado real con la pasta alimentaria amarilla siguiendo las instrucciones de las páginas 182-183. Utilizando un cortapastas en forma de flor y un marcador para nervaduras, prepare 24 flores, luego extienda en el centro un botón de color amarillo. Deje secar.

Precaliente el horno a 175 °C. Prepare los moldes para *muffin* colocando dentro los moldes de papel.

Para el glaseado
Ponga el queso crema en un cuenco mezclador y bata hasta que esté homogéneo y cremoso.

CON LA AYUDA DE UN CUCHILLO PALETA PEQUEÑO, APILE EL GLASEADO SOBRE LAS SUPERFICIES DE LOS *CUPCAKES* Y LUEGO EXTIÉNDALO PARA ALISARLO.

Ponga la mantequilla, el azúcar de lustre y las semillas de vainilla en un cuenco mezclador y bata hasta que la preparación esté pálida y esponjosa.

Agréguele poco a poco el queso crema, mezclando a velocidad media-alta, hasta que el glaseado esté incorporado. Refrigérelo hasta que cuaje.

Para los *cupcakes*

Ponga la mantequilla, el azúcar, la sal y las vainas de vainilla en un cuenco mezclador y bata hasta que la preparación esté pálida y esponjosa.

Bata ligeramente los huevos en otro cuenco y agréguelos lentamente a la mezcla de mantequilla sin dejar de batir. Si la preparación empieza a separarse, deje de añadir el huevo e incorpore, batiendo, 2 o 3 cucharadas de harina. Esto hará que la masa quede ligada.

Una vez haya incorporado todo el huevo, tamice por encima la harina y mezcle ligeramente. De esta manera el bizcocho se conservará ligero y esponjoso.

Utilizando una manga pastelera de plástico o una cuchara, llene cuidadosamente los moldes con la mezcla a dos tercios de su capacidad.

Hornee de 12 a 15 minutos, dependiendo de su horno. Los *cupcakes* estarán cocidos cuando sus superficies estén doradas y recuperen su posición inicial al presionarlos. En caso de duda, inserte un cuchillo limpio o una broqueta de madera en el centro de cada bizcocho; debe salir limpio.

Para el almíbar de azúcar

Mientras hornea los *cupcakes,* prepare el almíbar de azúcar para remojar. Ponga el agua, el azúcar y la vaina de vainilla en un cazo y lleve a ebullición. Cueza a fuego lento hasta que el azúcar se haya disuelto. Reserve y deje enfriar ligeramente. Deseche la vaina de vainilla.

Cuando los *cupcakes* estén cocidos, déjelos reposar unos 10 minutos fuera del horno. Pincélelos con el almíbar con la ayuda de un pincel mientras todavía estén calientes; esto hace que el almíbar se absorba con más rapidez.

Una vez estén tibios, retírelos de los moldes y déjelos enfriar sobre una rejilla metálica.

Para decorar

Divida el glaseado en tres partes iguales. Mezcle el primer tercio con un poco de pasta alimentaria amarilla, el segundo con la de color naranja y el tercero con verde pálido.

Siguiendo las instrucciones de la página 179, glasee los pastelitos utilizando un cuchillo paleta pequeño.

Para acabar, coloque una flor de azúcar sobre el glaseado de cada *cupcake*.

CUPCAKES DE CHOCOLATE PARADISÍACOS

ESTOS *CUPCAKES* TIENEN UN SABOR REALMENTE MAGNÍFICO, ADEMÁS DE UNA TEXTURA DELICIOSAMENTE CREMOSA Y LISA. SIN EMBARGO, NO SON PESADOS Y TIENEN UN MARCADO SABOR A CHOCOLATE. ESTA RECETA ES TAN GOLOSA QUE HEMOS RECIBIDO UN PREMIO POR ELLA.

Para unos 24 *cupcakes*

ingredientes

Para el glaseado
140 ml de crema de leche espesa
160 g de chocolate negro (mínimo 53 % de cacao), picado o en gotas
1 cucharada de glucosa
200 g de queso crema
200 g de mantequilla con sal, ablandada
450 g de azúcar de lustre, tamizado

Para la mezcla de pastel
125 g de chocolate negro (mínimo 53 % de cacao), picado o en gotas
165 ml de leche
285 g de azúcar moreno claro
105 g de mantequilla, ablandada
2 huevos grandes
180 g de harina
una pizca de sal
½ cucharadita de levadura en polvo
½ cucharadita de bicarbonato sódico
8 g de cacao en polvo

Para la decoración
obleas de papel de arroz
vaporizador de lustre de oro en rosa, azul y verde perla

utensilios

equipo básico para hornear (*véase* pág. 172)
dos moldes para *muffins* de 12 cavidades
24 moldes grandes de papel marrón
manga pastelera de plástico
boquilla grande en forma de estrella
24 moldes de bordes acanalados para los pastelitos
flores de papel (disponibles en comercios de manualidades)

Para la decoración

Siguiendo las instrucciones de la página 175, prepare las decoraciones de papel de arroz. Haga una flor de papel de arroz para cada *cupcake*.

Precaliente el horno a 160 °C. Prepare los moldes colocando dentro de las cavidades los moldes de papel.

Para el glaseado

Ponga la crema en un cazo y caliente por debajo del punto de ebullición. Ponga el chocolate y la glucosa en un cuenco y vierta la leche caliente por encima. Bata hasta que la mezcla esté homogénea, brillante y el chocolate se haya derretido. Deje reposar a temperatura ambiente; la *ganache* debe tener la consistencia de la mantequilla ablandada.

Ponga el queso crema en un cuenco mezclador y bata hasta que esté liso y cremoso.

Introduzca la mantequilla y el azúcar de lustre en otro cuenco y bata hasta que la preparación blanquee y esté esponjosa.

Agregue la *ganache* poco a poco a la mezcla de crema de mantequilla, batiendo a velocidad media-alta hasta que el glaseado esté ligado.

Incorpore suavemente un tercio de la crema de chocolate y mantequilla con el queso crema.

Añada el resto de la crema de mantequilla y la crema de chocolate y mantequilla en dos tandas. No trabaje la preparación en exceso, pues el glaseado podría cortarse. Refrigere hasta que cuaje.

Para los *cupcakes*
Ponga el chocolate, la leche y la mitad del azúcar en un cazo. Caliente lentamente mientras remueve.

Introduzca la mantequilla y el resto del azúcar en un cuenco mezclador y bata hasta que la preparación blanquee y esté esponjosa.

Bata ligeramente los huevos en otro cuenco y mezcle poco a poco con la preparación de mantequilla.

Tamice juntos la harina, la levadura, el bicarbonato, la sal y el cacao, y agregue a la preparación anterior en dos tandas. Incorpore lentamente hasta que estén justo ligados.

Vierta poco a poco el chocolate caliente sobre la masa y mezcle. Raspe el cuenco con una espátula de plástico, asegurándose de que la masa quede bien ligada. Pásela a una jarra medidora.

Mientras todavía esté caliente, viértala en los moldes llenándolos a dos tercios de su altura.

Hornee inmediatamente de 12 a 15 minutos, dependiendo de su horno. Los *cupcakes* estarán cocidos cuando sus superficies recuperen su posición inicial al presionarlas y los bordes se separen de las paredes de los moldes. Una vez cocido, la textura de este bizcocho es ligeramente pegajosa y densa. Si inserta un cuchillo limpio o broqueta de madera en el centro del bizcocho, éste debe salir con unas pocas migas.

Una vez haya horneado los *cupcakes,* déjelos reposar unos minutos fuera del horno. Cuando estén templados, retírelos de las placas y déjelos enfriar por completo sobre una rejilla metálica.

Para decorar
Siguiendo las instrucciones de la página 178, prepare una manga pastelera de plástico con una boquilla grande en forma de estrella. Llénela con el glaseado frío. Dibuje una roseta de glaseado sobre cada *cupcake*.

CUPCAKES COSMOPOLITAN

LOS *CUPCAKES* Y LOS CÓCTELES VAN MANO A MANO. EN ESTE CASO, EL COSMOPOLITAN ME HA SERVIDO DE INSPIRACIÓN PARA ESTA RECETA DIVERTIDA. SIRVA EN COPAS DE CÓCTEL O INSERTE UNAS PAJITAS EN EL GLASEADO.

Para unos 24 *cupcakes*

ingredientes

Para el bizcocho
125 g de arándanos rojos secos
licor Cointreau para remojar
200 g de mantequilla, ablandada
200 g de azúcar de lustre
una pizca de sal
la ralladura de 2 naranjas
4 huevos medianos
200 g de harina con levadura
Para el glaseado
200 g de queso crema
200 g de mantequilla, ablandada
una pizca de sal
500 g de azúcar de lustre, tamizado
la ralladura de 2 naranjas
un chorrito de Cointreau, al gusto

Para el almíbar de azúcar
150 ml de zumo de naranja fresco
150 g de azúcar blanquilla
50 ml de licor Cointreau
Para la decoración
perlas de azúcar rosadas

utensilios

equipo básico para hornear (*véase* pág. 172)
manga pastelera de plástico
dos moldes de *muffins* de 12 cavidades
24 moldes grandes metálicos de color rosa
una boquilla grande redonda

Remoje los arándanos en el Cointreau, cubra con film de plástico y deje reposar toda la noche.

Precaliente el horno a 175 °C. Prepare los moldes para *muffin* poniendo los moldes de papel dentro de las cavidades.

Para el glaseado
Siga las instrucciones de la página 73 y prepare el glaseado con ralladura de naranja. Aromatícelo con Cointreau al gusto. Refrigere hasta que cuaje.

Para los *cupcakes*
Ponga la mantequilla, el azúcar, la sal y la ralladura de naranja en un cuenco mezclador e incorpore hasta que todo esté pálido y cremoso. Bata ligeramente los huevos en otro cuenco y añádalos poco a poco a la preparación de mantequilla batiendo con rapidez. Si la mezcla empieza a separarse, deje de añadir el huevo e incorpore, batiendo, 2 o 3 cucharadas de harina. Esto hará que la masa quede ligada. Una vez haya incorporado todo el huevo a la preparación de mantequilla, tamice la harina por encima y remueva ligeramente. Con esto se asegurará de que los bizcochos se mantengan ligeros y esponjosos.

Con una manga pastelera o cuchara, vierta la mezcla en los moldes hasta alcanzar dos tercios de su capacidad. Escurra los arándanos y reserve el líquido. Divida los arándanos de manera equitativa y repártalos entre los moldes.

Hornee de 12 a 15 minutos, dependiendo de su horno. Los *cupcakes* estarán cocidos cuando sus superficies estén doradas y al presionarlos ligeramente recuperen su posición inicial. En caso de duda, inserte un cuchillo limpio o broqueta de madera en el centro de cada bizcocho; debe salir completamente limpio.

Para el almíbar de azúcar
Mientras hornea los *cupcakes,* prepare el almíbar de azúcar para remojar. Vierta el zumo de naranja y el azúcar blanquilla en un cazo y lleve a ebullición. Cueza a fuego lento hasta que el azúcar se haya disuelto. Deje enfriar ligeramente. Aromatice al gusto con el líquido de Cointreau reservado.

Una vez los *cupcakes* estén horneados, déjelos reposar 10 minutos fuera del horno. Con la ayuda de un pincel de pastelería, remoje la parte superior con el almíbar de azúcar todavía caliente; de esta forma el almíbar se absorbe más rápidamente. Retire los *cupcakes* de los moldes todavía calientes y déjelos enfriar sobre una rejilla metálica.

Para decorar
Siguiendo las instrucciones de la página 178, prepare una manga pastelera de plástico con una boquilla grande en forma de estrella. Llénela con el glaseado frío. Dibuje una roseta sobre cada *cupcake.* Para finalizar, esparza las perlas rosadas sobre el glaseado de cada *cupcake.*

PASTELES A CAPAS
DELICIOSOS

PASTEL DE BAYAS

UNA DELICIOSA RECETA PARA AQUELLOS A LOS QUE LES GUSTA EL DULCE, CON UNA COMBINACIÓN DE CREMA ESPONJOSA DE BIZCOCHO RELLENO DE CREMA DE MANTEQUILLA Y UNAS DULCES BAYAS VERANIEGAS.

Para un pastel de 15 cm de diámetro, para 8-12 raciones

ingredientes

Para el bizcocho
200 g de mantequilla, ablandada
200 g de azúcar blanquilla
una pizca de sal
las semillas de 1 vaina de vainilla
4 huevos medianos
200 g de harina con levadura

Para el almíbar de azúcar
150 ml de agua
150 g de azúcar blanquilla
la vaina de vainilla raspada

Para el relleno de crema de mantequilla
250 g de mantequilla, ablandada
250 g de azúcar de lustre, tamizado
una pizca de sal
3 cucharadas de confitura de bayas veraniegas de Peggy, u otra confitura de bayas variadas de calidad

Para la decoración
1 cucharada de cacao en polvo

utensilios

equipo básico para hornear (*véase* pág. 172)
tres moldes redondos de 15 cm para bizcocho
lira para pastel o cuchillo grande de sierra
soporte para pasteles antideslizante
disco plano para situar sobre el soporte antideslizante (utilizo la base de un molde desmontable de 30 cm de diámetro)
rasqueta metálica
plantilla para estarcir cortada a láser con motivos adamascados

Hornee los bizcochos un día antes de servirlos. Prepare el relleno de crema de mantequilla y monte y decore el pastel el día que vaya a servirlo. Espolvoree el pastel con cacao en polvo inmediatamente antes de degustarlo, pues al cabo de unas pocas horas el cacao puede absorber humedad de la crema de mantequilla y humedecerse.

Precaliente el horno a 175 °C.

Prepare los moldes; engrase los lados y forre las bases con papel sulfurizado. Coloque encima de cada uno la base del molde desmontable, dibuje una línea alrededor del mismo con un lápiz y utilícelo como guía para cortar un disco para forrar la base. Coloque los discos de papel sulfurizado dentro de los moldes.

Para el bizcocho
Ponga la mantequilla, el azúcar, la sal y las semillas de vainilla en un cuenco mezclador y bata hasta que la preparación blanquee y esté esponjosa.

Bata ligeramente los huevos en otro cuenco y añada poco a poco la preparación de mantequilla batiendo con rapidez. Si la mezcla empieza a separarse, deje de añadir mantequilla e incorpore, batiendo, 2 o 3 cucharadas de harina. Esto hará que la masa quede ligada. Una vez haya incorporado todo el huevo y lo haya mezclado con la preparación de mantequilla, tamice la harina por encima e incorpore ligeramente. Esto asegura que el bizcocho se mantenga ligero y esponjoso.

Divida la masa de manera equitativa entre los moldes. Si piensa que es difícil medirla a vista, utilice una balanza para pesar la cantidad necesaria para cada molde.

Hornee de 15 a 20 minutos, dependiendo de su horno. Si emplea moldes hondos, los bizcochos pueden necesitar más tiempo.

PARA DECORAR, CENTRE LA PLANTILLA EN LA PARTE DEL PASTEL Y ESPOLVOREE
LA SUPERFICIE CON CACAO EN POLVO. RETIRE LA PLANTILLA.

Los bizcochos estarán cocidos cuando los lados empiecen a encogerse de las paredes de los moldes y las superficies estén doradas y recuperen su posición inicial al presionarlas. En caso de duda, inserte un cuchillo limpio o una broqueta de madera en el centro de cada bizcocho. Debe salir limpio.

Para el almíbar de azúcar
Mientras hornea los bizcochos, prepare el almíbar de azúcar para remojar. Vierta el agua, el azúcar blanquilla y la vaina de vainilla en un cazo y lleve a ebullición. Cueza a fuego lento hasta que el azúcar se haya disuelto. Deje enfriar ligeramente.

Una vez haya horneado los bizcochos, déjelos reposar unos 10 minutos fuera del horno. Con la ayuda de un pincel de pastelería, pincele las superficies de los bizcochos con el almíbar mientras todavía estén calientes, para que el almíbar se absorba con más rapidez.

Cuando los bizcochos estén templados, pase un cuchillo alrededor de los lados de los moldes y retire los bizcochos de los mismos. Déjelos enfriar sobre rejillas metálicas.

Una vez fríos, envuélvalos en film de plástico y déjelos reposar toda la noche a temperatura ambiente. Esto asegurará que se mantengan jugosos y firmes, adquiriendo la textura perfecta para recortarlos y montarlos. Si se recortan demasiado pronto tras el horneado, tienden a desmenuzarse e incluso romperse en trozos.

Para el relleno de crema de mantequilla
Ponga la mantequilla, el azúcar de lustre y la sal en un cuenco mezclador y bata juntos hasta que la preparación esté pálida y esponjosa.

Añada la confitura a la mezcla y remueva hasta que estén bien ligados. Si la confitura es demasiado densa o con trozos, caliéntela en el microondas o pásela a través de un tamiz fino para retirar las bayas grandes. También puede batirla con la batidora.

Para montar el pastel
Pula los bordes de los bizcochos y únalos utilizando un tercio de la crema de mantequilla. Con el resto de la crema, cubra la superficie y los lados del pastel. Para hacerlo, siga las instrucciones de las páginas 180-181.

Para decorar
Centre la plantilla sobre la superficie del pastel ya recubierto. Espolvoree generosamente con el cacao en polvo. Levante con cuidado la plantilla para mostrar el dibujo adamascado.

Sirva este pastel a temperatura ambiente. Es mejor consumirlo en el plazo de 3 días después de hornearlo, pero puede conservarse hasta 1 semana.

consejo

Al preparar los bizcochos, utilice tres moldes de fondo desmontable en vez de uno hondo,
ya que los bizcochos suben mejor y se hornean de forma más uniforme.

PASTEL TRUFADO A LA NARANJA

BIZCOCHO DE NARANJA DELICIOSAMENTE AROMATIZADO CON COINTREAU Y RELLENO DE *GANACHE* DE CHOCOLATE NEGRO. ESTE FAVORITO DE NUESTRO SALÓN ES LA RECETA PERFECTA DEL PASTEL DE CHOCOLATE A LA NARANJA. SE TRATA DE UN PASTEL DELICIOSAMENTE SUAVE.

Para un pastel redondo de 15 cm para 8-12 raciones

ingredientes

Para el bizcocho
200 g de mantequilla, ablandada
200 g de azúcar blanquilla
una pizca de sal
la ralladura de 3 naranjas
4 huevos medianos
200 g de harina con levadura

Para el almíbar de azúcar
el zumo de 3 naranjas recién exprimido
150 g de azúcar blanquilla
2 cucharadas de licor de naranja Cointreau

Para la *ganache*
250 ml de crema de leche espesa
300 g de chocolate negro (mínimo 53 % de cacao), picado o en gotas
1 cucharadita de glucosa

Para el relleno
2 cucharadas de confitura de naranja & Cointreau de Peggy u otra confitura de naranja de calidad

utensilios

equipo básico para hornear (*véase* pág. 172)
tres moldes para bizcocho de 15 cm de diámetro
lira para pastel o cuchillo de sierra grande
tabla antideslizante
disco plano para colocar sobre la superficie de la tabla (utilizo un fondo de pastel desmontable de 30 cm)
rasqueta metálica
manga pastelera de plástico

Hornee los bizcochos el día antes de que vaya a servirlos. Prepare el almíbar de azúcar mientras los hornea. Haga el relleno y monte y decore el pastel el día que vaya a degustarlo.

Precaliente el horno a 175 °C.

Prepare los moldes para bizcocho; engráselos y fórrelos con papel sulfurizado. Para las instrucciones, *véase* la página 87.

Para el bizcocho
Ponga la mantequilla, el azúcar, la sal y la ralladura de naranja en un cuenco mezclador y bata juntos hasta que la preparación blanquee y esté esponjosa.

Bata ligeramente los huevos en otro cuenco y agréguelos poco a poco a la mezcla de mantequilla sin dejar de batir con rapidez. Si la preparación empieza a separarse, deje de añadir huevo e incorpore, batiendo, 2 o 3 cucharadas de harina. Esto hará que la masa quede ligada. Una vez haya añadido todo el huevo, tamice la harina por encima y remueva ligeramente. Esto asegurará que el bizcocho se mantenga ligero y esponjoso.

Divida la masa de manera equitativa entre los moldes. Si le resulta difícil medir a ojo, utilice una balanza para pesar la cantidad correcta.

Hornee de 15 a 20 minutos, dependiendo del horno. Si utiliza moldes hondos, el bizcocho necesitará más tiempo para hornearse. Los bizcochos estarán cocidos cuando los lados empiecen a encogerse separándose de las paredes de los moldes y las superficies estén doradas y recuperen su posición inicial al presionarlas con un dedo. En caso de duda, inserte un cuchillo limpio o una broqueta de madera en el centro de cada bizcocho; debe salir limpio.

Para el almíbar de azúcar
Mientras hornea los bizcochos, prepare el almíbar de azúcar para remojar. Ponga el zumo de naranja y el azúcar en un cazo y lleve a ebullición. Cueza a fuego lento hasta que el azúcar se haya disuelto. Deje enfriar ligeramente y añada el licor de naranja.

Una vez haya horneado los bizcochos, déjelos reposar unos 10 minutos fuera del horno. Pincele sus superficies con un pincel de pastelería mientras todavía estén calientes; esto permite que el almíbar se absorba más rápidamente.

Una vez tibios, pase un cuchillo por las paredes de los moldes, retire los bizcochos y déjelos enfriar por completo sobre una rejilla metálica.

Cuando los bizcochos estén fríos, envuélvalos en film de plástico y déjelos reposar toda la noche a temperatura ambiente. De esta forma se mantendrán jugosos y tendrán la textura perfecta para pulirlos y rellenarlos. Si se recortan tras hornearlos tienden a desmenuzarse o incluso romperse.

Para la *ganache*
Vierta la crema en un cazo y caliéntela lentamente. Ponga el chocolate en un cuenco y añada por encima la crema caliente. Remueva suavemente con una batidora de varillas o una espátula hasta que el chocolate se haya derretido. Agregue la glucosa y deje que la *ganache* cuaje hasta que adquiera una consistencia mantecosa.

Para montar el pastel
Pula los bizcochos y una las tres capas utilizando 2 cucharadas de *ganache* para la primera capa y otras tantas de confitura para la segunda. Utilice el resto de la *ganache* para recubrir la superficie y los lados del pastel. Para las instrucciones sobre cómo hacerlo, *véase* las páginas 180-181.

Para glasear el pastel
Coloque el pastel en una rejilla metálica dispuesta sobre una bandeja. Reserve aproximadamente 1 cucharada de *ganache* para dibujar la decoración, luego caliente el resto hasta que tenga una consistencia de vertido densa. Vierta la *ganache* caliente sobre la superficie y rompa las burbujas que puedan aparecer. Deje enfriar hasta que cuaje.

Para decorar
Coloque el pastel sobre un soporte giratorio. Llene una manga pastelera con la *ganache* reservada, corte un pequeño agujero en el extremo de la manga y trace una guirnalda sobre la superficie del pastel formando una circunferencia; remueva el soporte si fuese necesario.

Sirva el pastel a temperatura ambiente. Queda óptimo al cabo de 3 días, pero puede conservarse hasta 1 semana.

PASTEL DE LIMÓN Y LIMONCELLO

SE TRATA DE UN PASTEL LIGERO, JUGOSO Y REPLETO DE SABOR.
UNAS CUANTAS MARGARITAS ESPARCIDAS COMPLEMENTAN EL GLASEADO
CÍTRICO DE COLOR AMARILLO LIMÓN PÁLIDO.

Para un pastel de 15 cm de diámetro, para 8-12 raciones

ingredientes

Para la decoración
150 g de pasta de azúcar blanca
para modelar flores
un poco de grasa blanca vegetal
colorante alimentario verde y amarillo en pasta
un poco de glaseado real (*véanse* págs. 182-183)

Para el bizcocho
200 g de mantequilla, ablandada
200 g de azúcar blanquilla
una pizca de sal
la ralladura de 2 limones sin tratar
4 huevos medianos
200 g de harina con levadura

Para el almíbar de azúcar
150 ml de zumo de limón fresco
150 g de azúcar blanquilla
50 ml de licor Limoncello

Para el relleno de crema de mantequilla
80 g de mantequilla
80 g de azúcar de lustre, tamizado
una pizca de sal
40 g de gelatina de limón y Limoncello de Peggy,
u otra confitura de limón de calidad o lemon curd

utensilios

equipo básico para hornear (*véase* pág. 172)
tres moldes para bizcocho de 15 cm de diámetro
lira para pastel o cuchillo de sierra grande
tabla antideslizante
disco plano para colocar sobre la superficie
de la tabla (utilizo un fondo de pastel
desmontable de 30 cm)
cartón redondo de 15 cm de diámetro
para las margaritas y flores, *véase* el equipo de la
página 173

Siguiendo las instrucciones de la página 173, pre-pare las decoraciones de margaritas y hojas al me-nos con un día de antelación antes de montar y ser-vir el pastel. Hornee los bizcochos el día antes de consumirlo. Prepare el almíbar de azúcar mientras los hornea. Haga el relleno y monte y decore el pastel el día en que vaya a servirlo.

Para la decoración
Mezcle dos tercios de la pasta de azúcar para mo-delar con un poco de grasa blanca vegetal. Incor-pore el tercio restante con el colorante verde para obtener un tono verde pálido. Mezcle el glaseado real con el colorante amarillo siguiendo las ins-trucciones de las páginas 182-183. Utilizando un cor-tapastas en forma de margarita y otro para hojas,

así como un impresor de nervaduras, prepare unas 12 margaritas y hojas pequeñas. Déjelas reposar en un lugar frío y seco.

Precaliente el horno a 175 °C.

Prepare los moldes; engráselos y fórrelos con pa-pel sulfurizado. Para las instrucciones sobre cómo hacerlo, *véase* la página 87.

Para el bizcocho
ponga la mantequilla, el azúcar, la sal y la ralladura de limón en un cuenco mezclador y bata hasta que la preparación blanquee y esté esponjosa.

Bata ligeramente los huevos en otro cuenco y agréguelos poco a poco a la mezcla de mantequilla sin dejar de batir. Si la preparación empieza a separarse, deje de añadir el huevo e incorpore, batiendo, 2 o 3 cucharadas de harina. Esto hará que la masa quede ligada. Una vez haya incorporado todo el huevo a la mezcla de mantequilla, tamice la harina por encima y remueva ligeramente. Esto hará que los bizcochos se mantengan ligeros y esponjosos.

Divida la masa de manera equitativa en los moldes. Si le resulta difícil hacerlo a ojo, utilice una balanza para pesar la cantidad de cada molde.

Hornee de 15 a 20 minutos dependiendo de su horno. Si usa moldes hondos, los bizcochos necesitarán más tiempo de cocción. Estarán cocidos cuando la masa se separe de las paredes y la superficie esté dorada y recupere su posición inicial al presionarla. En caso de duda, inserte un cuchillo limpio o una broqueta de madera en el centro de cada bizcocho; debe salir limpio.

Para el almíbar de azúcar

Mientras hornea los bizcochos, prepare el almíbar de azúcar para remojar. Vierta el zumo de limón y el azúcar blanquilla en un cazo y lleve a ebullición. Cueza a fuego lento hasta que el azúcar se haya disuelto. Deje enfriar ligeramente y añada el licor Limoncello.

Una vez haya horneado los bizcochos, déjelos reposar unos 10 minutos. Luego, pincele las superficies con el almíbar de azúcar mientras todavía estén calientes, ya que permitirá que el almíbar se absorba con más rapidez.

Una vez tibios, pase un cuchillo alrededor de los lados de los moldes, retire los bizcochos y déjelos enfriar por completo sobre una rejilla metálica.

Una vez fríos, envuélvalos en film de plástico y déjelos reposar toda la noche a temperatura ambiente. Esto hará que se mantengan jugosos y firmes con la textura perfecta para pulir y montar. Si se pulen demasiado pronto tras el horneado, los bizcochos tienden a desmenuzarse e incluso romperse.

Para el relleno de crema de mantequilla

Ponga la mantequilla, el azúcar de lustre y la sal en un cuenco mezclador y bata hasta que la preparación blanquee y esté esponjosa. Añada la gelatina de limón y mezcle bien.

Para montar el pastel

Pula y una las tres capas de bizcocho usando un tercio de la crema de mantequilla y el almíbar de Limoncello para remojar. Cubra la superficie y las paredes del pastel con el resto de la crema de mantequilla. Para las instrucciones sobre cómo hacerlo, *véanse* las páginas 180-181. Refrigere hasta que cuaje.

Para decorar

Coloque las margaritas de azúcar y las hojas alrededor de la circunferencia del pastel y ponga en el centro de las flores un botón de crema de mantequilla.

Sirva el pastel a temperatura ambiente. Queda mejor al cabo de 3 días de hornearlo, pero se conserva hasta 1 semana.

consejo

Las decoraciones con azúcar pueden humedecerse y separarse con la humedad.
Sin embargo, no conserve el pastel en la nevera una vez decorado si no va a consumirlo el mismo día.

PASTEL CREMOSO DE CARAMELO

UNA RECETA SUNTUOSA PARA TODOS LOS AMANTES DE LO DULCE. EL
TOQUE DE BRANDY COMPLEMENTA EL SABOR DEL CARAMELO, MIENTRAS QUE EL DISEÑO
ESCULTURAL Y EL CACAO ESPOLVOREADO CREAN UN EFECTO MODERNO.

Para un pastel de 15 cm de diámetro, para 8-12 raciones

ingredientes

Para el bizcocho
200 g de mantequilla, ablandada
200 g de azúcar blanquilla
una pizca de sal
las semillas de 1 vaina de vainilla
4 huevos medianos
200 g de harina con levadura

Para el almíbar de azúcar
150 ml de agua
150 g de azúcar blanquilla
la vaina de vainilla raspada
2 cucharadas de brandy

Para el relleno de crema pastelera
100 g de mantequilla
100 g de azúcar de lustre, tamizado
una pizca de sal
50 g de dulce de leche o 1 lata de leche
condensada hervida en agua 3 horas

Para la decoración
2 cucharadas aproximadamente de cacao en
polvo

utensilios

equipo básico para hornear (*véase* pág. 172)
tres moldes para bizcocho de 15 cm de diámetro
lira para pastel o cuchillo de sierra grande
tabla antideslizante
disco plano para colocar sobre
la superficie de la tabla (utilizo un fondo
de pastel desmontable de 30 cm)
cartón redondo de 15 cm de diámetro
rasqueta entallada

Hornee los bizcochos un día antes de servir. Prepare el almíbar de azúcar mientras los hornea. Elabore el relleno y monte y decore el pastel el día en que vaya a servirlo. Espolvoree el pastel con cacao en polvo inmediatamente antes de servir, pues en unas pocas horas el cacao puede absorber humedad de la crema de mantequilla y quedar húmedo.

Precaliente el horno a 175 °C.

Prepare los moldes; engráselos y fórrelos con papel antiadherente. Para las instrucciones sobre cómo hacerlo, *véase* pág. 87.

Para el bizcocho
Ponga la mantequilla, el azúcar, la sal y las semillas de vainilla en un cuenco mezclador y bata hasta que la preparación esté pálida y esponjosa.

Bata los huevos ligeramente en otro cuenco y añádalos poco a poco a la mezcla de mantequilla batiendo con rapidez. Si la preparación empieza a separarse, deje de añadir el huevo e incorpore batiendo 2 o 3 cucharadas de harina. Esto hará que quede ligada. Tamice la harina por encima y mezcle ligeramente. Esto asegurará que los bizcochos se mantengan ligeros y esponjosos.

Divida la masa de manera equitativa entre los moldes; si le resulta difícil hacerlo a ojo, utilice una balanza para medir la cantidad de cada bizcocho.

Hornee de 15 a 20 minutos, dependiendo de su horno. Si usa moldes hondos, los bizcochos necesitarán más tiempo para cocerse. Los bizcochos estarán cocidos cuando los lados empiecen a separarse de las paredes de los moldes y la superficie esté dorada y al tocarla recupere a su posición inicial. En caso de duda, inserte un cuchillo limpio

UTILICE UNA RASQUETA ENTALLADA PARA CREAR UNA ESPECIE DE DISEÑO DE BARRIL ALREDEDOR DEL PASTEL. ALISE LA SUPERFICIE CON UN CUCHILLO PALETA.

o una broqueta de madera en el centro de cada bizcocho; debe salir limpio.

Para el almíbar de azúcar

Mientras hornea los bizcochos, prepare el almíbar de azúcar para remojar. Vierta el agua, el azúcar blanquilla y la vaina de vainilla en un cazo y lleve a ebullición. Cueza hasta que el azúcar se disuelva. Deje enfriar y añada el brandy.

Una vez los bizcochos estén horneados, déjelos reposar unos 10 minutos fuera del horno. Pincele la superficie y los lados con el almíbar mientras todavía estén calientes, ya que permite que el almíbar se absorba con mayor rápidez.

Una vez los bizcochos estén tibios, pase un cuchillo por los lados de los moldes, desmóldelos y déjelos enfriar por completo sobre una rejilla metálica.

Una vez fríos, envuelva los bizcochos en film de plástico y déjelos reposar toda la noche a temperatura ambiente. Esto asegurará que se mantengan jugosos y tengan la textura perfecta para pulir y montar. Si se pulen demasiado pronto una vez horneados, los bizcochos tienden a desmenuzarse o incluso romperse.

Para el relleno de crema de mantequilla

Ponga la mantequilla, el azúcar de lustre y la sal en un cuenco mezclador y bata hasta que la preparación blanquee y esté cremosa.

Añada el dulce de leche a la mezcla y remueva bien hasta que tenga una textura homogénea.

Para montar el pastel

Pula y una los tres bizcochos utilizando un tercio del relleno de crema de mantequilla y el almíbar de brandy para remojar. Cubra los lados y la superficie del pastel con el resto de la crema de mantequilla. Para hacerlo, siga las instrucciones de las páginas 180-181.

Para decorar

Cubra el pastel frío con otra capa generosa de crema de mantequilla y, con la ayuda de una rasqueta entallada, esculpa una especie de barril. Si no puede conseguir una forma perfecta en el primer intento, simplemente retire el exceso de crema de mantequilla y repita el proceso hasta que esté satisfecho con el resultado. Alise la superficie con un cuchillo paleta.

Refrigere hasta que cuaje. Espolvoree generosamente la superficie del pastel con el cacao antes de servir.

Sirva el pastel a temperatura ambiente. Queda mejor al cabo de 3 días de hornearlo, pero puede conservarse hasta 1 semana.

PASTEL DE CHOCOLATE TRUFADO

ESTA OPULENTA RECETA DE CHOCOLATE SABE MEJOR A TEMPERATURA AMBIENTE.
EL GLASEADO DE *GANACHE* SE DERRITE EN LA BOCA Y SU AROMA ES CIERTAMENTE ADICTIVO.

Para un pastel cuadrado de 15 cm de lado, para unas 18 raciones

ingredientes

Para la mezcla del pastel
250 g de chocolate negro (mínimo 53 % de cacao), picado o en gotas
335 ml de leche
570 g de azúcar moreno blando
210 g de mantequilla, ablandada
4 huevos grandes
365 g de harina
1 cucharadita de levadura en polvo
1 cucharadita de bicarbonato sódico
una pizca de sal
15 g de cacao en polvo
Para la *ganache*
275 ml de crema de leche espesa
350 g de chocolate negro (mínimo 53 % de cacao), picado o en gotas
30 g de glucosa

utensilios

tres moldes para bizcocho cuadrados de 15 cm de lado
lira para pastel o cuchillo de sierra grande
tabla antideslizante
disco plano para colocar sobre la superficie de la tabla (utilizo un fondo de pastel desmontable de 30 cm)
cartón redondo de 15 cm de diámetro
llana metálica para los lados
manga pastelera de plástico
boquilla metálica en forma de estrella

Hornee los bizcochos un día antes de servir. Pula y decore el pastel el día que vaya a consumirlo. Prepare el relleno de *ganache* unas pocas horas antes de servir, para que tenga tiempo para cuajar.

Precaliente el horno a 160 °C.

Prepare los moldes; engráselos y fórrelos con papel sulfurizado. Para ello, siga las instrucciones de la página 87.

Para el pastel
Ponga el chocolate, la leche y 285 g del azúcar moreno en un cazo hondo y lleve a ebullición, removiendo con una espátula.

Ponga la mantequilla y el resto del azúcar moreno en un cuenco mezclador y bata hasta que la preparación blanquee y esté esponjosa.

Bata ligeramente los huevos en otro cuenco y añádalos poco a poco a la mezcla de mantequilla batiendo con rapidez.

Tamice juntos la harina, la levadura, el bicarbonato, la sal y el cacao en polvo, y añádalos en dos tandas a la preparación de mantequilla. Remueva lentamente hasta que la masa quede ligada.

Vierta lentamente la mezcla de chocolate en forma de chorro fino, trabajando a velocidad media. Raspe el fondo del cuenco con una espátula de plástico, asegurándose de que la masa esté incorporada.

Vierta de inmediato la mezcla en los moldes preparados y hornee de 30 a 40 minutos, dependiendo del horno. Los bizcochos están cocidos cuando los bordes empiezan a separarse de los lados del molde y al tocar las superficies éstas recuperen su

PARA DECORAR LA SUPERFICIE DEL PASTEL, DIBUJE UNA SERIE DE MOTIVOS
EN FORMA DE S Y C Y PARA LA BASE UNOS MOTIVOS EN FORMA DE CARACOLAS.

posición inicial. Una vez cocidos, su textura es ligeramente pegajosa y densa. Al insertar un cuchillo limpio o una broqueta de madera en el centro del bizcocho, debe salir con migas adheridas.

Una vez horneados los bizcochos, déjelos reposar unos 30 minutos fuera del horno.

Cuando estén tibios, envuélvalos en film de plástico y déjelos reposar toda la noche a temperatura ambiente. De esta forma se mantendrán jugosos y tendrán la textura perfecta para pulir y montar. Si se pulen demasiado pronto una vez horneados, los bizcochos tienden a desmenuzarse o incluso a romperse.

Para la *ganache*

Vierta la crema en un cazo y caliéntela por debajo del punto de ebullición.

Ponga el chocolate y la glucosa en un cuenco y vierta por encima la crema caliente. Bata hasta que la mezcla esté homogénea. Una vez ligada, deje cuajar a temperatura ambiente; la *ganache* debe tener la consistencia de la mantequilla blanda.

Para montar el pastel

con la lira o el cuchillo de sierra, retire la parte superior y las costras inferiores de los bizcochos. Los tres bizcochos deben tener el mismo grosor. Únalos con la *ganache*. Con un tercio de la misma, cubra la superficie y los lados del pastel. Para las instrucciones sobre cómo hacerlo, *véanse* las páginas 180-181. Trabajar con un pastel cuadrado es más delicado que hacerlo con uno redondo, pues deben cubrirse los cuatro lados por separado. Refrigere hasta que cuaje.

Para glasear el pastel

Coloque el pastel sobre una rejilla metálica y deslice debajo una bandeja. Caliente el resto de la *ganache* a una consistencia de vertido espesa. Vierta la *ganache* caliente sobre la superficie del pastel asegurándose de que los lados queden cubiertos. Golpee suavemente la bandeja para extender la *ganache* y rompa las burbujas que aparezcan. Refrigere hasta que cuaje.

Para decorar

Coloque el pastel sobre un soporte de pastel giratorio cubierto con papel sulfurizado.

Recoja la *ganache* depositada en la bandeja y bátala a mano hasta que se endurezca ligeramente. Coloque la boquilla en forma de estrella en la manga pastelera de plástico y llénela con un poco de la *ganache* endurecida. Forme un borde en forma de motivos en S y C alrededor de los bordes de la superficie del pastel. Luego trace un borde de caracolas alrededor de la base. Para las instrucciones sobre cómo hacerlo, *véase* la página 185. Si el pastel se ha colocado sobre papel sulfurizado, refrigérelo hasta que los bordes hayan cuajado antes de colocarlo en un soporte para pastel.

Sirva a temperatura ambiente. Este pastel queda mejor al cabo de 3 días de hornearlo, pero puede conservarse hasta 1 semana.

PASTEL DE CHOCOLATE BLANCO Y FRUTA DE LA PASIÓN

ESTE PASTEL OFRECE UNA EXÓTICA COMBINACIÓN DE SABORES AL PRIMER BOCADO.
PRIMERO SE NOTA EL SABOR DULCE DEL CHOCOLATE BLANCO CON EL TOQUE DE
LA FRUTA DE LA PASIÓN QUE EXPLOTA EN LA BOCA. DECORE CON GUIRNALDAS Y UNAS
BONITAS VELAS PARA UN PASTEL DE CUMPLEAÑOS SIMPLE Y A LA VEZ SOFISTICADO.

Para un pastel redondo de 15 cm de diámetro, para unas 12 raciones

ingredientes

Para el pastel
125 g de chocolate blanco, picado o en gotas
170 ml de leche
60 g de azúcar moreno claro
225 g de azúcar blanquilla
105 g de mantequilla, ablandada
2 huevos grandes
215 g de harina
1 cucharadita de levadura en polvo
una pizca de sal

Para la crema de mantequilla y chocolate
50 ml de crema de leche espesa
65 g de chocolate blanco, picado o en gotas
55 g de mantequilla, ablandada
55 g de azúcar de lustre, tamizado

Para el relleno
2 cucharadas confitura de fruta de la pasión
de Peggy, u otra confitura de fruta de la
pasión de calidad

utensilios

tres moldes para bizcocho de 15 cm de diámetro
lira para pastel o cuchillo de sierra grande
tabla antideslizante
disco plano para colocar sobre la superficie
de la tabla (utilizo un fondo de pastel
desmontable de 30 cm)
cartón redondo de 15 cm de diámetro
rasqueta metálica para los lados
manga pastelera de plástico
boquilla metálica lisa de 4 mm

Hornee los bizcochos un día antes de servir. Prepare el relleno de crema de mantequilla y monte y decore el pastel el día que vaya a consumirlo.

Precaliente el horno a 160 °C.

Prepare los moldes; engráselos y fórrelos con papel sulfurizado. Para las instrucciones sobre cómo hacerlo, *véase* la página 87.

Para el pastel
Ponga el chocolate blanco, la leche, el azúcar moreno y 85 g de azúcar blanquilla en un cazo hondo y lleve a ebullición, sin dejar de remover con una espátula.

Ponga la mantequilla y el resto del azúcar blanquilla en un cuenco mezclador y bata hasta que la preparación blanquee y esté esponjosa.

Bata los huevos ligeramente en otro cuenco e incorpórelos poco a poco a la mezcla de mantequilla batiendo con rapidez.

Tamice juntas la harina, la levadura y la sal y añádalas a la preparación de mantequilla en dos tandas. Mezcle a velocidad lenta hasta que la masa quede ligada.

Vierta lentamente la preparación de chocolate caliente sobre la masa en forma de chorrito fino. Raspe el fondo del cuenco con una espátula de goma asegurándose de que la masa esté bien mezclada.

Vierta enseguida en los moldes, dividiendo la mezcla de manera equitativa. Si le resulta difícil hacerlo a ojo, utilice una balanza para pesar las cantidades.

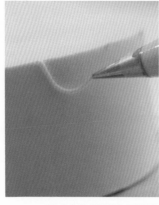

DIVIDA EL BORDE SUPERIOR EN DOCE SEGMENTOS IGUALES, LUEGO TRACE UN BORDE DE DOBLES GUIRNALDAS REMATADAS CON PUNTITOS.

Hornee de 25 a 30 minutos, dependiendo del horno. Si utiliza moldes más hondos, los bizcochos tardarán más tiempo en hornearse. Estarán cocidos cuando los lados empiecen a separarse de las paredes y las superficies estén doradas, y al tocarlos recuperen su posición inicial. En caso de duda, inserte un cuchillo limpio o una broqueta de madera en el centro de cada bizcocho. Debe salir limpio.

Una vez haya horneado los bizcochos, déjelos reposar 30 minutos fuera del horno. Cuando estén tibios, pase un cuchillo por los bordes de los moldes, desmolde los bizcochos y déjelos enfriar por completo sobre una rejilla metálica.

Una vez fríos, envuelva los bizcochos en film de plástico y déjelos reposar toda la noche a temperatura ambiente. De esta forma se mantendrán jugosos y tendrán la textura perfecta para pulir y montar. Si se pulen demasiado pronto tras hornearlos, los bizcochos pueden desmenuzarse o incluso romperse.

Para la crema de mantequilla y chocolate
Vierta la crema en un cazo y caliente por debajo del punto de ebullición.

Ponga el chocolate en un cuenco y vierta la crema caliente por encima. Bata hasta que la preparación esté homogénea. Una vez mezclados, deje reposar a temperatura ambiente; la *ganache* de chocolate blanco debe tener la consistencia de la mantequilla blanda.

Ponga la mantequilla y el azúcar de lustre en un cuenco mezclador y bata hasta que la preparación blanquee y esté esponjosa. Añada 1 cucharada de *ganache* de chocolate blanco a la vez y mezcle bien hasta que adquiera una textura uniforme.

Para montar el pastel
Pula y una los tres bizcochos utilizando la confitura de fruta de la pasión. Reserve 1 cucharada de la crema de mantequilla y chocolate para la decoración, luego cubra con el resto de la crema la superficie y los lados del pastel. Para las instrucciones sobre cómo hacerlo, *véanse* las páginas 180-181. Refrigere hasta que cuaje.

Para decorar
Coloque el pastel sobre una fuente o un soporte giratorio cubierto con papel sulfurizado.

Ponga una boquilla redonda en la manga pastelera y llénela con el resto de crema de mantequilla. Divida la superficie del pastel en 12 segmentos iguales. Trabajando desde el borde, trace una serie de guirnaldas dobles alrededor de la circunferencia, dando la vuelta al soporte si fuese necesario. Para terminar, trace unos puntitos sobre los puntos de unión de las guirnaldas alrededor de la superficie del pastel, y luego sobre su base. Para las instrucciones sobre cómo hacerlo, *véase* la página 185. Si ha colocado el pastel sobre papel sulfurizado, refrigérelo sobre el mismo hasta que los puntos hayan cuajado antes de pasar el pastel a un soporte para pasteles.

Sírvalo a temperatura ambiente. Queda mejor al cabo de 3 días de hornearlo, pero puede conservarse hasta 1 semana.

PASTEL DE ZANAHORIAS

AQUÍ TENEMOS UN PASTEL EXCEPCIONALMENTE JUGOSO Y EQUILIBRADO, HORNEADO CON TROZOS DE PIÑA Y NUECES. QUEDA MARAVILLOSO CON UNA CREMA DE MANTEQUILLA AL LIMÓN. PUEDE HORNEARSE EN UN MOLDE PARA PAN Y DISFRUTARSE AL NATURAL

Para un pastel de 15 cm de diámetro, para 8-12 raciones

ingredientes

Para la mezcla del pastel
140 ml de aceite vegetal
200 g de azúcar moreno claro
80 ml de huevo batido (½ huevo pequeño aproximadamente)
80 g de nueces, tostadas y picadas finas
320 g de zanahorias, peladas y ralladas
280 g de piña en conserva, escurrida y troceada
290 g de harina
¾ cucharadita de bicarbonato sódico
¾ cucharadita de levadura en polvo
¾ cucharadita de canela molida
una pizca de sal
las semillas de 1 vaina de vainilla

Para el relleno de crema de mantequilla
125 g de mantequilla, ablandada
125 g de azúcar de lustre, tamizado
la ralladura de un limón sin tratar
una pizca de sal

Para la decoración
150 g de pasta de azúcar blanca
1 cucharadita de goma tragacanto
un poco de grasa blanca vegetal
colorante alimentario en pasta naranja, verde, azul y marrón
un poco de aguardiente límpido o cola comestible

utensilios

equipo básico para hornear (*véase* pág. 172)
tres moldes para bizcocho de 15 cm de diámetro
lira para pastel o cuchillo de sierra grande
tabla antideslizante
disco plano para colocar sobre la superficie de la tabla (utilizo un fondo de pastel desmontable de 30 cm)
cartón redondo de 15 cm de diámetro
rasqueta metálica para los lados
manga pastelera de plástico
boquilla metálica lisa de 4 mm
para formar las flores, *véase* el equipo de la página 176

Hornee los bizcochos un día antes de servirlos. Prepare el relleno de crema de mantequilla y monte y decore el pastel el mismo día que vaya a consumirlo.

Precaliente el horno a 180 °C.

Prepare los moldes; engráselos y fórrelos con papel sulfurizado. Para las instrucciones sobre cómo hacerlo, *véase* la página 87.

Para el pastel
Vierta el aceite vegetal y el azúcar moreno claro en un cuenco mezclador y bata bien. Bata ligeramente los huevos en otro cuenco y agréguelos gradualmente a la preparación de aceite hasta conseguir una emulsión homogénea. Añada las nueces, las zanahorias y la piña y mezcle suavemente.

Tamice juntas la harina, el bicarbonato, la levadura, la canela y la sal y añádalas a la preparación húmeda en dos tandas. Mezcle a velocidad lenta hasta que la masa esté ligada.

Divida la masa de manera equitativa entre los moldes. Si le resulta difícil medirla a ojo, utilice una balanza para pesar la cantidad precisa para cada molde.

Hornee de 40 a 50 minutos, dependiendo del horno. Si utiliza moldes profundos, los bizcochos tardarán más tiempo en cocerse. Estarán cocidos cuando los bordes empiecen a separarse de las paredes de los moldes y las superficies estén doradas y recuperen su posición inicial al tocarlas. En caso de duda, inserte un cuchillo limpio o una broqueta de madera en el centro de cada bizcocho; debe salir limpio.

HAGA LAS DECORACIONES DE FLORES CON PASTA DE AZÚCAR DE DIFERENTES COLORES.
UTILICE DISTINTOS TAMAÑOS Y FORMAS PARA PREPARAR CADA FLOR.

Una vez que los bizcochos estén horneados, déjelos reposar unos 10 minutos fuera del horno. Cuando estén tibios, retírelos de los moldes y déjelos enfriar sobre una rejilla metálica.

Una vez fríos, envuelva los bizcochos en film de plástico y déjelos reposar toda la noche a temperatura ambiente. De esta forma se mantendrán jugosos y tendrán la textura perfecta para pulir y montar. Si se pulen demasiado pronto tras el horneado, los bizcochos tienden a desmenuzarse e incluso a romperse.

Para el relleno de crema de mantequilla

Ponga la mantequilla, el azúcar de lustre, la ralladura de limón y la sal en un cuenco mezclador y bátalos juntos hasta que la preparación esté pálida y esponjosa.

Para montar el pastel

Pula y una los tres bizcochos utilizando un tercio de la crema de mantequilla al limón. Cubra las paredes y la superficie del pastel con el resto. Para las instrucciones sobre cómo hacerlo, *véanse* las páginas 180-181. Refrigere hasta que cuaje.

Para decorar

Siguiendo las instrucciones de la página 176, prepare una selección de flores.

Coloque el pastel sobre un soporte cubierto con papel sulfurizado.

Disponga las decoraciones alrededor de las paredes del pastel, pegándolas con un poco de crema de mantequilla. Retire las partes estropeadas con un cuchillo de cocina.

Coloque una boquilla redonda en una manga pastelera y llénela con el resto de la crema de mantequilla. Aplique por los lados del pastel puntitos entre las flores, dando la vuelta al soporte si fuese necesario. Para terminar, forme un borde de caracolas alrededor del pastel. Para las instrucciones sobre cómo hacerlo, *véase* la página 185. Si ha colocado el pastel sobre papel, refrigérelo hasta que los bordes de crema de mantequilla hayan cuajado, antes de pasarlo a una fuente para pasteles.

Sirva el pastel a temperatura ambiente.

PASTEL VICTORIA FABULOSO

ESTE PASTEL ESTÁ INSPIRADO EN EL BIZCOCHO VICTORIA. LA CLAVE DEL ÉXITO DE ESTE PASTEL SENCILLO Y DELICIOSO ESTRIBA EN LA CALIDAD DE LOS INGREDIENTES. PARA APORTARLE MÁS SABOR Y JUGOSIDAD, REMOJE LAS CAPAS DE BIZCOCHO EN UN ALMÍBAR DE AZÚCAR A LA VAINILLA. EL DISEÑO ESTÁ INSPIRADO EN LOS DE LOS PASTELES ORIGINALES DE LA ÉPOCA. DECORE CON UNA BOQUILLA DE ESTILO VICTORIANO PARA CREAR LOS MOTIVOS

Para un pastel de 15 cm de diámetro, para 8-12 raciones

ingredientes

Para el bizcocho
200 g de mantequilla, ablandada
200 g de azúcar blanquilla
una pizca de sal
las semillas de ½ vaina de vainilla
4 huevos medianos
200 g de harina con levadura

Para el almíbar de azúcar
150 ml de agua
150 g de azúcar blanquilla
la vaina de vainilla raspada

Para el relleno de crema de mantequilla
300 g de mantequilla, ablandada
300 g de azúcar de lustre, tamizado
una pizca de sal
las semillas de ½ vaina de vainilla
un poco de pasta alimentaria de color rosa
3 cucharadas de confitura de frambuesas
de calidad

utensilios

tres moldes para bizcocho de 15 cm de diámetro
lira para pastel o cuchillo de sierra grande
tabla antideslizante
disco plano para colocar sobre la superficie
de la tabla (utilizo un fondo de pastel
desmontable de 30 cm)
cartón redondo de 15 cm de diámetro
rasqueta metálica para los lados
dos mangas pasteleras de plástico
boquilla mediana en forma de estrella
boquilla lisa de 4 mm

Hornee los bizcochos el día antes de servir. Mientras, haga el almíbar de azúcar. Prepare el relleno de crema de mantequilla y monte y decore el pastel el día que vaya a consumirlo.

Precaliente el horno a 175 °C.

Prepare los moldes; engáselos y fórrelos con papel sulfurizado. Para las instrucciones sobre cómo hacerlo, *véase* la página 87.

Para el bizcocho
Ponga la mantequilla, el azúcar, la sal y las semillas de vainilla en un cuenco mezclador y bata hasta que la preparación blanquee y esté esponjosa.

Bata los huevos ligeramente en otro cuenco y agréguelos poco a poco a la mezcla de mantequilla batiendo con rapidez. Si la preparación empieza a separarse, deje de añadir el huevo e incorpore 2 o 3 cucharadas de harina. Esto ligará la masa.

Una vez haya añadido todo el huevo y esté mezclado con la preparación de mantequilla, tamice la harina y remueva ligeramente. De esta forma los bizcochos se mantendrán ligeros y esponjosos.

Divida la masa de manera equitativa entre los moldes; si le resulta difícil medirla a ojo, utilice una balanza para pesar la cantidad de masa para cada molde.

Hornee de 15 a 20 minutos, dependiendo de su horno. Si utiliza moldes hondos, necesitará más tiempo. Los bizcochos estarán cocidos cuando empiecen a separarse de los bordes de los moldes y las superficies estén doradas y recuperen su posición inicial al presionarlas. En caso de duda, inserte un cuchillo limpio o una broqueta de madera en el centro de cada bizcocho; debe salir limpio.

PARA RESPETAR LOS ORÍGENES DE ESTE BIZCOCHO CLÁSICO, DECORE EL PASTEL CON UNA SELECCIÓN DE BOQUILLAS DE ESTILO VICTORIANO.

Para el almíbar de azúcar

Mientras hornea los bizcochos, prepare el almíbar de azúcar para remojar. Vierta el agua, el azúcar blanquilla y la vaina de vainilla en un cazo y lleve a ebullición. Cueza a fuego lento hasta que el azúcar se disuelva. Deje enfriar ligeramente. Retire la vainilla.

Una vez haya horneado los bizcochos, déjelos reposar unos 10 minutos fuera del horno. Con la ayuda de un pincel de pastelería, remoje las superficies de los bizcochos con el almíbar de azúcar mientras todavía estén calientes, ya que de esta forma el almíbar se absorbe con más rapidez.

Una vez los bizcochos estén templados, pase un cuchillo por el contorno de los moldes, retire los bizcochos de los moldes y déjelos enfriar por completo sobre una rejilla metálica.

Una vez fríos, envuélvalos en film de plástico y déjelos reposar toda la noche a temperatura ambiente. De esta forma se mantendrán jugosos y tendrán la textura perfecta para pulir y montar. Si se pulen demasiado pronto tras el horneado, los bizcochos tienden a desmenuzarse e incluso romperse.

Para el relleno de crema de mantequilla

Ponga la mantequilla, el azúcar de lustre, la sal y las semillas de vainilla en un cuenco mezclador y bata hasta que la preparación blanquee y esté esponjosa.

Añádale un poco de colorante rosa y remueva bien hasta que la crema de mantequilla adquiera un tono pastel.

Para montar el pastel

Pula y una los tres bizcochos con la ayuda de una capa de crema de mantequilla y otra de confitura de frambuesa, y el almíbar de azúcar para remojar. Cubra la superficie y las paredes del pastel con el resto de la crema de mantequilla. Para hacerlo, siga las instrucciones de las páginas 180-181.

Para decorar

Ponga el pastel sobre un soporte cubierto con papel sulfurizado.

Coloque una boquilla en forma de estrella en una manga pastelera de plástico y llénela con una cantidad generosa del resto de crema de mantequilla. Ponga una boquilla redonda en otra manga de plástico y llénela con un poco del resto de crema de mantequilla.

Divida la superficie del pastel en ocho segmentos iguales. Utilizando la boquilla en forma de estrella, trace un anillo de guirnaldas en forma de C alrededor de la circunferencia, dando la vuelta al soporte si fuese necesario. Luego extienda una caracola a partir del centro de cada guirnalda llevándola hacia el centro. En el lugar donde se encuentren las ocho caracolas, trace una roseta en el centro del pastel. Utilizando la boquilla redonda, extienda un pequeño punto entre cada caracola.

Con la ayuda de la boquilla en forma de estrella, forme ocho flores de lis uniformes alrededor de las paredes tocando el borde superior, y una caracola sencilla que toque el borde del pastel. Para terminar, cree un punto pequeño entre la flor de lis y la caracola. Para las instrucciones sobre cómo hacerlo, *véase* la página 185. Si ha colocado el pastel sobre papel sulfurizado, refrigérelo hasta que los puntos hayan cuajado, antes de colocarlo en una fuente para pasteles.

Sirva el pastel a temperatura ambiente. Este pastel está en su punto al cabo de 3 días de hornearlo, pero puede conservarse hasta 1 semana.

PASTELES Y
PREPARACIONES
CLÁSICAS

PASTEL NAPOLITANO MARMOLEADO

ESTE DELICIOSO PASTEL MARMOLEADO ME TRAE A LA MEMORIA MIS MEJORES RECUERDOS DE LA INFANCIA. NO SÓLO TIENE EL MISMO SABOR QUE EL DE MI ABUELA, SINO QUE ES MUY BONITO AL CORTARLO. HE DADO UN TOQUE NUEVO A ESTE CLÁSICO AÑADIÉNDOLE UN TOQUE ROSADO A LA MEZCLA Y UTILIZANDO UN MOLDE EN FORMA DE ANILLO CONTEMPORÁNEO.

Para un pastel redondo de 30 cm de diámetro, para 16-20 raciones

ingredientes

Para el bizcocho
250 g de mantequilla, ablandada, y un poco más para engrasar el molde
250 g de azúcar blanquilla
una pizca de sal
las semillas de 1 vaina de vainilla
5 huevos medianos
250 g de harina con levadura, tamizada
25 g de cacao en polvo
25 ml de leche
colorante alimentario líquido rosa
harina para espolvorear
azúcar de lustre para espolvorear
Para el almíbar de azúcar
150 ml de agua
150 g de azúcar blanquilla

utensilios

un molde para *kugelhupf* o en forma de anillo

Precaliente el horno a 175 °C. Prepare el molde engrasándolo con mantequilla ablandada y espolvoreándolo con harina.

Para el bizcocho
Ponga la mantequilla, el azúcar blanquilla, la sal y las semillas de vainilla en un cuenco mezclador y bata hasta que la preparación blanquee y esté esponjosa.

Bata ligeramente los huevos en otro cuenco y añádalos poco a poco a la mezcla de mantequilla batiendo con rapidez. Si la preparación empieza a separarse, deje de añadir el huevo e incorpore batiendo 2 o 3 cucharadas de la harina. Esto ligará la masa.

Una vez haya incorporado todo el huevo y esté mezclado con la preparación de mantequilla, tamice la harina por encima e incorpore ligeramente.

Divida la masa en tres partes iguales. Mezcle la primera con un poco del colorante rosa para obtener un tono pastel. Mezcle la segunda con el cacao y añádale la leche. Deje la tercera al natural.

Vierta la masa rosa en el fondo del molde preparado, seguida de la de chocolate y la natural.

Para «marmolear», remueva cuidadosamente las tres preparaciones con un tenedor o espátula. Hornee 1 hora aproximadamente, dependiendo del horno. Si utiliza un molde hondo, el bizcocho necesitará más tiempo para cocerse. Para comprobar si el bizcocho está cocido, inserte un cuchillo limpio o una broqueta de madera en el centro de cada bizcocho; debe salir limpio.

Para el almíbar de azúcar
Mientras hornea el bizcocho, prepare el almíbar de azúcar para remojar. Vierta el agua y el azúcar blanquilla en un cazo y lleve a ebullición. Cueza a fuego lento hasta que el azúcar se haya disuelto. Deje enfriar ligeramente.

Una vez haya horneado el bizcocho, déjelo reposar unos 10 minutos fuera del horno. Utilizando un pincel de pastelería, remoje la superficie del bizcocho con el almíbar de azúcar mientras todavía esté caliente; esto permite que el almíbar se absorba con más rapidez.

Una vez el bizcocho esté templado, retírelo del molde y déjelo enfriar por completo sobre una rejilla.

Espolvoree la superficie del pastel con azúcar de lustre antes de servirlo a temperatura ambiente.

PASTEL DE CHOCOLATE Y AVELLANAS

EN EL TRANSCURSO DE UN VIAJE A LA CIUDAD AUSTRIACA DE SALZBURGO, DESCUBRÍ UN PASTEL TAN JUGOSO, CON UN INTENSO SABOR A AVELLANAS Y CHOCOLATE Y UN TOQUE DE RON, DEL QUE NUNCA PARECÍA SACIARME. FUE UNA PORCIÓN DEL PARAÍSO, UNA EXPERIENCIA INOLVIDABLE QUE INSPIRÓ ESTA RECETA. CONFÍO EN QUE A USTED TAMBIÉN LE SEPA A POCO.

Para un pastel de 20 cm de diámetro, para 8-12 porciones

ingredientes

Para el pastel
150 g de avellanas molidas
75 g de chocolate negro (mínimo 53 % de cacao), picado o en gotas
50 g de harina con levadura
1 cucharadita de canela molida
150 g de mantequilla, ablandada
105 g de azúcar moreno blando
las semillas de ½ vaina de vainilla
3 huevos grandes, separadas las claras de las yemas
1 ½ cucharada de ron añejo
una pizca de sal
una pizca de cremor tártaro
20 g de azúcar blanquilla
Para la decoración
250 g de mazapán
250 g de *ganache* (*véase* pág. 105)
azúcar de lustre para espolvorear
cacao en polvo para espolvorear

utensilios

molde de 20 cm de diámetro de base desmontable
placa metálica plana o disco (utilizo la base desmontable de un molde de 30 cm de diámetro)
cuchillo de sierra grande
cuchillo paleta grande
plantilla láser para pastel con diseño de hojas o ramitas

Precaliente el horno a 150 °C.

Prepare el molde forrándolo con papel sulfurizado. Para hacerlo, siga las instrucciones de la página 87.

Para el pastel
Ponga las avellanas, el chocolate y la harina en un robot y muela hasta que la preparación tenga el aspecto de unas migas de bizcocho, pero no esté grasa. Pásela a un cuenco mezclador, agregue la canela molida y reserve.

Ponga la mantequilla, el azúcar moreno y las semillas de vainilla en un cuenco mezclador y bata hasta que la preparación blanquee y esté esponjosa.

Bata los huevos ligeramente en otro cuenco y vaya agregando poco a poco la mezcla de mantequilla batiendo con rapidez hasta que esté bien incorporada.

Vierta la mitad de la preparación de avellanas y chocolate a la masa. Añada el ron, y luego agregue la otra mitad.

Bata las claras de huevo en un cuenco limpio y seco junto con la sal y el cremor tártaro hasta que formen picos blandos. Incorpore el azúcar blanquilla y siga batiendo hasta que el merengue esté brillante, pero no seco.

Agregue una cucharada del merengue a la masa, luego añada el resto cuidadosamente para que la masa se conserve ligera.

Vierta la masa en el molde preparado y nivele la superficie con un cuchillo paleta o el dorso de una cuchara.

Hornee en el estante inferior del horno de 50 a 55 minutos, dependiendo del horno. El pastel estará cocido cuando la superficie esté ligeramente

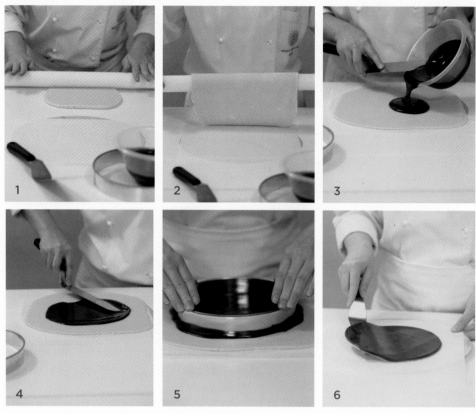

PARA APORTAR EL TOQUE FINAL A ESTE PASTEL, EXTIENDA EL MAZAPÁN EN FORMA DE LÁMINA FINA, Y VIERTA LUEGO ENCIMA LA *GANACHE* BRILLANTE.

dorada y recupere su posición inicial al presionarla. En caso de duda, inserte un cuchillo limpio o una broqueta de madera en el centro del pastel; debe salir limpio.

Una vez haya horneado el pastel, déjelo reposar unos 30 minutos fuera del horno. Una vez frío, desmóldelo cuando vaya a decorarlo.

Para decorar
Extienda el mazapán sobre una superficie espolvoreada con azúcar de lustre, dándole 3 o 4 mm de grosor (**1**). Debe tener el tamaño suficiente para cortar un círculo de 20 cm. Coloque el mazapán extendido sobre una placa metálica plana o un disco (**2**).

Caliente suavemente la *ganache* hasta que adquiera una consistencia de vertido densa. Viértala en una jarra o cuenco y golpee los lados para romper cualquier burbuja de aire que ascienda a la superficie.

Vierta lentamente la *ganache* sobre el mazapán (**3**). Con la ayuda de un cuchillo paleta grande, ex-

tiéndala uniformemente sobre el mazapán (**4**). Si quedaran burbujas o líneas, golpee la placa metálica para que la superficie quede lisa. Enfríe en la nevera o el congelador hasta que la *ganache* haya cuajado.

Si la superficie del pastel parece desigual, nivélela con un cuchillo de sierra y déle la vuelta para que la cara plana quede hacia arriba. Pincele la superficie del pastel con una capa fina de *ganache*.

Saque la lámina de mazapán y *ganache* de la nevera. Corte con cuidado un círculo de 20 cm utilizando un cortapastas ligeramente caliente (**5**). Retire los excesos de los lados y use un cuchillo paleta para levantarla y colocarla sobre la superficie del pastel (**6**).

Mientras la *ganache* todavía esté firme y cuajada, centre la plantilla sobre ella. Espolvoree la superficie generosamente con cacao en polvo. Levante la plantilla con cuidado para mostrar el diseño.

Sirva el pastel a temperatura ambiente.

PASTEL DE LIMÓN, ALMENDRAS Y SEMILLAS DE AMAPOLA

ESTE PASTEL LIGERO Y CÍTRICO, CON SEMILLAS DE AMAPOLA, NO SÓLO TIENE UN ASPECTO BONITO, SINO QUE TAMBIÉN APORTA UN TOQUE DE CRUJIENTE A LA TEXTURA. ES UN BIZCOCHO DELICIOSAMENTE JUGOSO. SE CONSERVA VARIOS DÍAS A TEMPERATURA AMBIENTE.

Para un pastel de 25 cm de diámetro, para 12-16 raciones

ingredientes

Para el bizcocho
200 g de mantequilla, ablandada, y un poco más para engrasar el molde
harina para espolvorear
200 g de azúcar blanquilla
4 huevos medianos
200 g de harina con levadura
100 g de almendras molidas
30 g de semillas de amapola (puede majarlas en un mortero)
la ralladura de 2 limones
Para el almíbar de azúcar
100 ml de zumo de limón
100 g de azúcar blanquilla
Para el glaseado
500 g de fondant pastelero
el zumo de 1 limón
1 cucharadita de glucosa

utensilios

molde de 25 cm para *kugelhopf* o en forma de anillo

Precaliente el horno a 175 °C. Prepare el molde engrasándolo con la mantequilla y espolvoreándolo con la harina.

Para el bizcocho
Ponga la mantequilla, el azúcar y la ralladura de limón en un cuenco mezclador y bata hasta que la preparación blanquee y esté esponjosa.

Bata ligeramente los huevos en otro cuenco y añádalos poco a poco a la mezcla de mantequilla batiendo con rapidez. Si la preparación empieza a separarse, deje de añadir huevo e incorpore batiendo 2 o 3 cucharadas de harina. Esto hará que la masa quede ligada. Una vez haya incorporado todo el huevo y lo haya mezclado con la preparación de mantequilla, tamice la harina por encima y añada las almendras molidas y las semillas de amapola. Incorpore hasta que la masa esté justo ligada.

Vierta la masa en el molde preparado con una espátula de plástico. Antes de hornear, golpee el molde sobre la superficie de trabajo varias veces para asegurarse de que la masa ha llenado todas las cavidades.

Hornee de 30 a 40 minutos, dependiendo del horno. El bizcocho estará cocido cuando los lados empiecen a separarse de las paredes del molde, la superficie esté dorada y al presionarla recupere su posición inicial. En caso de duda, inserte un cuchillo afilado o una broqueta de madera en el centro del bizcocho; debe salir limpio.

Para el almíbar de limón
Mientras hornea el bizcocho, prepare el almíbar de limón para remojar. Vierta el zumo de limón y el azúcar blanquilla en un cazo y lleve a ebullición. Cueza a fuego lento hasta que el azúcar se haya disuelto. Deje enfriar ligeramente.

Una vez el bizcocho esté horneado, pincélelo enseguida con la mitad del almíbar de limón; esto hace que el almíbar se absorba con más rapidez.

Deje enfriar unos 30 minutos fuera del horno. Cuando el bizcocho esté tibio, desmóldelo y déjelo enfriar por completo sobre una rejilla. Pincele el otro lado del bizcocho con el resto del almíbar.

Para el glaseado
Caliente suavemente el *fondant* pastelero con el zumo de limón hasta que tenga una consistencia de vertido espesa. No deje que hierva, pues perdería su aspecto brillante. Mezcle con la glucosa. Vierta el glaseado sobre el pastel y deje que cuaje.

Sirva a temperatura ambiente.

CÚPULA DE FRAMBUESAS Y ROSAS

SE PREPARA CON CAPAS FINAS DE BIZCOCHO *JACONDE* RELLENAS DE CONFITURA DE FRAMBUESAS Y ROSAS, CREMA DE MANTEQUILLA Y FRAMBUESAS FRESCAS. ÉSTA ES MI VERSIÓN DEL CLÁSICO PASTEL PRINCESA SUECO. ES DELICIOSO Y PERFECTO PARA UNA OCASIÓN IMPORTANTE. SE TRATA DE UN PASTEL DELICADO, POR LO QUE LA DECORACIÓN DEBE SER SENCILLA.

Para un pastel de 15 cm de diámetro, para 8-12 raciones. Para preparar dos cúpulas, simplemente duplique las proporciones.

ingredientes

Para la crema pastelera
75 g de yemas de huevo (unas 3 yemas pequeñas)
125 g de azúcar blanquilla
1 vaina de vainilla
500 ml de leche entera
50 g de maicena

Para el bizcocho *jaconde*
3 huevos medianos
125 g de azúcar de lustre
125 g de almendras molidas
3 claras de huevo
15 g de azúcar
40 g de harina

Para el relleno
250 g de mantequilla, a temperatura ambiente
1 cucharada de aguardiente (opcional)
2 cucharadas de confitura púrpura de frambuesas y rosa de Peggy, o cualquier otra confitura de frambuesas de calidad
una cajita de frambuesas (unos 150 g)

Para la decoración
400 g de mazapán
600 g de pasta de azúcar blanca
colorante alimentario en pasta marrón, verde y rosa
1 cucharadita de goma tragacanto
un poco de grasa blanca vegetal
1 cucharada de confitura de albaricoque, tamizada
un poco de aguardiente límpido, por ejemplo vodka
un poco de glaseado real (*véase* pág. 183)

utensilios

dos placas para hornear de 30 cm de ancho como mínimo
un molde en forma de esfera de 15 cm (utilizo una mitad de un molde en forma de bola)
cortapastas redondo de 15 cm
manga pastelera de plástico
cartón redondo para pastel de 15 cm
manga pastelera de papel (*véase* pág. 184)
Rodillo pequeño antiadherente
molde de silicona rosa para flores
cortapastas en forma de flor
huevera o paleta de pintor de plástico con cavidades
trozo de cinta, lo suficientemente larga para envolver la circunferencia del pastel
cortapastas redondo de 2,5 cm

Este pastel se conserva 3 días en la nevera; sin embargo, la decoración puede ablandarse y quedar pegajosa con la humedad. Le recomiendo prepararlo con no más de dos días de antelación y consumirlo ese mismo día.

Precaliente el horno a 220 °C.

Forre dos placas de hornear con papel sulfurizado.

Para la crema pastelera

Bata las yemas con el azúcar blanquilla en un cuenco mezclador, luego añada la maicena e incorpore bien. Vierta en un cazo la leche, las semillas de vainilla y la vaina de vainilla raspada, y caliente por debajo del punto de ebullición. Agregue enseguida un cuarto de la leche caliente a la mezcla de huevo, removiendo hasta que la preparación esté homogénea.

Vierta de nuevo la mezcla de yema y leche al cazo con el resto de la leche caliente. Continúe cociendo sin dejar de remover hasta que la preparación espese y forme burbujas en el centro, removiendo bien para que la crema pastelera no se pegue al fondo del recipiente. Pruebe la crema; no debe tener sabor harinoso. Su textura debe ser lisa y densa.

Pásela a un cuenco o bandeja. Para evitar que se forme una película sobre la superficie, cúbrala con film de plástico, presionándolo firmemente contra la crema, y asegurándose de que no queden bolsas de aire. Deje enfriar y refrigere.

Para el bizcocho *jaconde*

Bata los huevos enteros y el azúcar de lustre hasta que la preparación blanquee y esté esponjosa. Tamice juntas la harina y las almendras molidas y mézclelas suavemente con la preparación de huevo con la ayuda de una espátula.

Bata las claras de huevo con el azúcar en un cuenco limpio seco, hasta que formen picos blandos. Mezcle el merengue con la masa.

Divida la masa de manera equitativa entre las dos placas para hornear y nivele la superficie con un cuchillo paleta o el dorso de una cuchara.

Hornee de 8 a 10 minutos en el estante inferior del horno, dependiendo del mismo. El bizcocho estará cocido cuando los lados empiecen a encogerse de los bordes del molde, la superficie esté ligeramente dorada y al presionarla recupere su posición inicial.

Deje enfriar fuera del horno, dentro de las placas. Una vez fríos, cubra los bizcochos con film de plástico para evitar que se resequen.

Para el relleno de crema de mantequilla

Ponga la crema pastelera en un cuenco y bata; vaya añadiendo la mantequilla ablandada poco a poco hasta que la haya incorporado por completo y la crema se haya espesado. Agregue el aguardiente.

Para montar el pastel

Coloque el molde en forma de esfera sobre un cuenco pequeño de manera que se mantenga firme. Forre el interior del molde con film de plástico, dejándolo caer por los lados (**1**).

Corte un círculo de 30 cm sobre un bizcocho (**2-3**). Forre con el mismo el interior del molde en esfera, solapando un poco la masa alrededor del borde externo. Recorte el exceso de bizcocho con unas tijeras de cocina (**4-7**).

Llene una manga pastelera con el relleno de crema de mantequilla. Corte un extremo de la manga y extienda una capa gruesa de la crema en el fondo del molde y coloque encima 6 frambuesas frescas (**8**). Extienda otra capa de crema pastelera encima (**9**). Prosiga añadiendo capas de crema de mantequilla y frambuesas hasta que casi haya alcanzado el borde del molde. Nivele la última capa de crema de mantequilla con un cuchillo paleta (**10**).

Con un cortapastas (**11**), corte dos círculos de 15 cm sobre el resto de los bizcochos. Únalos con una capa fina de confitura de frambuesas (**12-13**). Coloque estos dos círculos sobre el molde relleno de crema de mantequilla (**14**). Extienda una capa fina de crema de mantequilla y coloque encima un cartón para pastel. Recorte el bizcocho sobrante de las paredes del molde con unas tijeras de cocina (**15**). Doble la capa de film de plástico colgante por encima (**16**). Refrigere de 4 a 6 horas como mínimo, preferiblemente toda la noche.

Para la decoración

Mientras el pastel cuaja en la nevera, prepare las flores para la decoración. Puede elaborarlas con antelación y conservarlas varios meses en un lugar fresco y seco, pero no en un recipiente hermético, ya que la pasta podría humedecerse y romperse.

Para el pastel coloreado de moca, mezcle 400 g de pasta de azúcar con el colorante alimentario marrón, hasta obtener un tono de café pálido. Para el pastel verde, incorpore 400 g de pasta de azúcar con el colorante verde hasta obtener un tono verde pastel. Para evitar que se seque, mantenga la pasta de azúcar envuelta en film de plástico antes de usarla.

Mezcle el resto de pasta de azúcar con un poco de colorante rosa y la goma tragacanto. Añada un poco de grasa blanca vegetal para obtener una pasta blanda fácil de trabajar. Para el pastel de moca, mezcle sólo un tono de color rosa pálido. Para el pastel verde, incorpore diferentes tonos de rosa. Envuelva la pasta de azúcar en film de plástico y déjela enfriar 30 minutos para que quede firme.

Para crear las flores con la pasta coloreada marrón, siga las instrucciones de la página 174, utilizando un cortapastas y un molde en forma de flor.

Para preparar las rosas para el pastel verde, frote una capa fina de grasa vegetal por el molde y presione una bola pequeña de pasta de azúcar rosa contra la forma floral. Alise y aplane el dorso con los dedos, y si fuese necesario recorte el exceso de pasta con un cuchillo de cocina pequeño. Para separar, doble el molde hacia fuera hasta que las flores caigan. Para una técnica similar, *véase* la página 174. Ponga la flor sobre una superficie curva, por ejemplo, dentro de las cavidades de una paleta de pintor o huevera forrados con film de plástico, para que se sequen. Prepare 3 o 4 flores de diferentes tonos de pasta de azúcar rosa utilizando este método.

Para decorar

Una vez haya sacado el pastel de la nevera, desmóldelo sobre una hoja de papel sulfurizado. Retire el molde y en el film de plástico (**1**).

Caliente ligeramente la confitura de albaricoque y pincele una capa fina sobre la cúpula de bizcocho (**2**).

Extienda el mazapán sobre una superficie espolvoreada con azúcar de lustre, dándole de 3 a 4 mm de grosor. Debe ser suficientemente grande para cubrir la cúpula. Con un rodillo, levante el mazapán extendido y extiéndalo sobre la cúpula (**3**). Alíselo por los lados de la cúpula con los dedos. Esconda dentro los bordes y recorte el exceso de mazapán con un cuchillo de cocina (**4**).

Mójese las manos con un poco de aguardiente límpido (**5**). Pase las manos mojadas sobre la cúpula recubierta de mazapán (**6**). De esta forma creará un adhesivo. Extienda la pasta de azúcar coloreada y colóquela sobre el mazapán de la misma forma que éste (**7**). Recorte el exceso de pasta de azúcar como ha hecho antes (**8**).

Para la cúpula de moca, utilice un trozo de cinta para calcular la circunferencia de la base de la cúpula (**9**). Utilizando la cinta como guía para la longitud y el grosor, extienda una tira fina del resto de pasta de azúcar rosa (**10**). Corte una tira de 2,5 cm de ancho suficientemente larga para recubrir toda la base de la cúpula (**11**). Con un cortapastas pequeño redondo, corte medios círculos a partir de la tira de pasta de azúcar rosa para obtener un borde en forma de guirnalda (**12**).

Pincele finamente la base de la cúpula con el aguardiente (**13**). Extienda alrededor la tira de pasta de azúcar rosa, con el borde recortado colocado hacia arriba (**14**).

Mezcle el glaseado real con el colorante alimentario marrón para obtener un tono color chocolate oscuro con una consistencia de picos blandos (*véanse* págs. 182-183). Llene una manga pastelera de papel con el glaseado, corte un agujero pequeño en el extremo y trace una guirnalda siguiendo el borde del glaseado rosa (**15**). Forme tres lazos en el punto más alto de la guirnalda y luego disponga un punto debajo (**16**). Aunque no es esencial, es preferible usar un soporte giratorio.

Para terminar, trace pequeños puntos en el centro de cada flor rosa. Con la ayuda un poco de glaseado real, pegue tres flores en la parte superior de la cúpula.

Para la cúpula verde, mezcle el glaseado real con colorante alimentario rosa para obtener un tono pálido de consistencia blanda (*véanse* págs. 182-183). Rellene una manga pastelera con el glaseado, corte un pequeño agujero en la punta y trace una guirnalda doble alrededor de la base de la cúpula y termine colocando un punto en las uniones.

Para finalizar, utilice un poco de glaseado real para pegar rosas al azar sobre la cúpula.

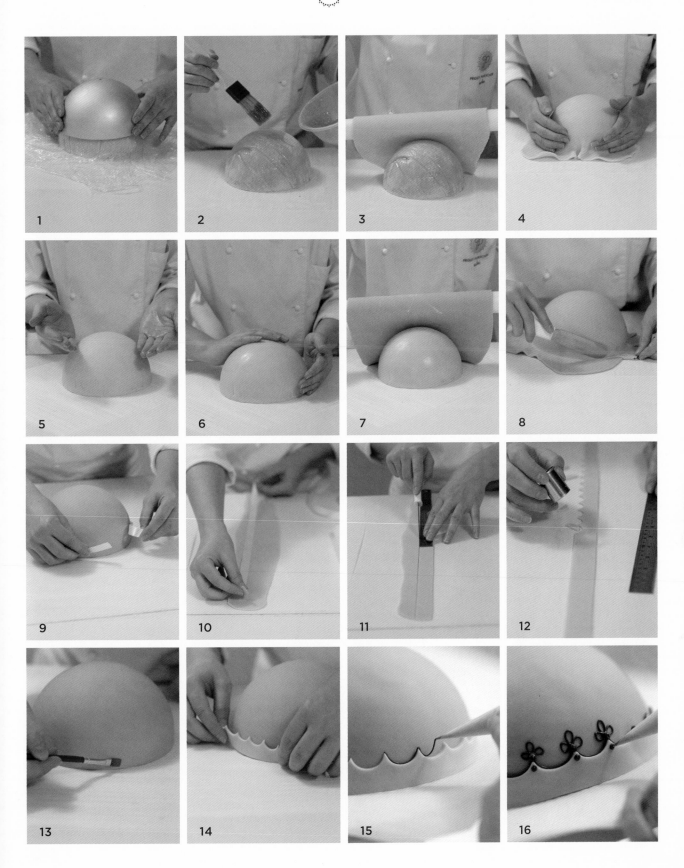

1

2

3

4

5

6

7

8

9

10

11

12

13

14

15

16

MINIKUGELHOPFS DE LICOR DE HUEVO

INSPIRADOS EN UNA RECETA BÁVARA TRADICIONAL, ESTOS PASTELITOS
QUEDAN PERFECTOS PARA ACOMPAÑAR UNA TAZA DE CAFÉ POR LA TARDE. LA PALABRA
KUGEL SIGNIFICA «ESFERA» EN ALEMÁN Y REFLEJA LA FORMA CLÁSICA DEL
MOLDE EN QUE SE HORNEAN ESTOS PASTELITOS

Para 12 *kugelhopfs* individuales

ingredientes

un poco de mantequilla, ablandada para
engrasar los moldes
6 huevos medianos
265 g de azúcar de lustre, tamizado
las semillas de 1 vaina de vainilla
300 ml de aceite vegetal
300 ml de licor Advocaat (licor de huevo)
150 g de harina, tamizada, y un poco más
para espolvorear
150 g de maicena, tamizada
12 g de levadura en polvo
una pizca de sal
150 ml de licor Advocaat, y un poco más
para servir (opcional)
160 ml de ron
azúcar de lustre para espolvorear

utensilios

dos placas para *minikugelhopfs*, cada una
con 6 cavidades

Precaliente el horno a 200 °C. Prepare los moldes engrasándolos con la mantequilla ablandada y espolvoreándolos con harina.

Ponga los huevos, el azúcar de lustre y las semillas de vainilla en el cuenco de una batidora eléctrica y bátalos hasta que la preparación esté pálida y esponjosa. Añada el aceite vegetal y el licor y mezcle ligeramente.

Tamice juntas la harina, la maicena y la levadura en polvo e incopore a la preparación de huevo.

Divida la masa de manera equitativa entre los moldes, llenando cada uno a dos tercios de su altura. Si le resulta difícil medir a ojo, utilice una balanza para pesar la cantidad necesaria para cada molde.

Coloque los moldes en el horno y baje la temperatura a 180 °C. Hornee durante 15 minutos, luego dé la vuelta a la placa y hornee de 10 a 15 minutos más. Los pastelitos estarán cocidos cuando los la-

dos empiecen a separarse de los bordes de los moldes y su superficie esté dorada y al presionarla recupere su posición inicial. En caso de duda, inserte un cuchillo limpio o una broqueta de madera en el centro de uno; debe salir limpio. Una vez que los pastelitos estén horneados, déjelos reposar unos minutos fuera del horno antes de desmoldarlos.

Mezcle el ron y el Advocaat; luego, con la ayuda de un pincel de pastelería, remoje las superficies de los pasteles con el licor mientras todavía estén calientes. Déjelos enfriar por completo sobre una rejilla metálica.

Sirva a temperatura ambiente. Espolvoree los pasteles con el azúcar de lustre antes de servir. Si lo prefiere, sirva con un chorrito extra de Advocaat.

PASTEL DE CHOCOLATE BATTENBERG

ESTE PASTEL PROPONE UN TOQUE CONTEMPORÁNEO A UN DISEÑO TRADICIONAL. LOS CUADRADOS OSCUROS Y CLAROS ME RECUERDAN A UN PEQUEÑO TABLERO DE AJEDREZ. ESTE PASTEL ES IDEAL PARA LA REINA DE CORAZONES DE UN TÉ. TAMBIÉN TIENE UN SABOR DELICIOSO.

Para 3 pasteles rectangulares de unos 20 cm de longitud, de 8 raciones cada uno

ingredientes

200 g de mantequilla, ablandada
250 g de azúcar blanquilla
las semillas de 1 vaina de vainilla
235 g de harina con levadura
100 g de almendras molidas
45 g de cacao en polvo
6 huevos medianos
1 cucharada colmada de confitura
de albaricoque, tamizada
750 g de mazapán
pasta alimentaria marrón
azúcar de lustre, para espolvorear

utensilios

dos moldes cuadrados de 20 cm de lado
dos llanas para alisar pasteles
un rizador de mazapán

Hornee los bizcochos un día antes de montarlos y servirlos.

Precaliente el horno a 180 °C. Prepare los moldes forrándolos con papel sulfurizado. Para las instrucciones sobre cómo hacerlo, *véase* la página 87.

Para el bizcocho
Ponga la mantequilla, el azúcar blanquilla y las semillas de vainilla en un cuenco mezclador y bata hasta que la preparación blanquee y esté esponjosa.

Bata ligeramente los huevos en una jarra y viértalos lentamente sobre la mezcla de mantequilla, batiendo a velocidad alta para incorporarlos.

Divida la masa en dos partes iguales. Tamice juntos 140 g de harina y 50 g de almendras e incorpórelos a la primera mitad de la masa. Luego haga lo mismo con 95 g de harina, 50 g de almendras y el cacao en polvo y mezcle con la segunda mitad. Vierta cada masa en los moldes preparados.

Hornee de 25 a 30 minutos, dependiendo de su horno. Los bizcochos estarán cocidos cuando los lados empiecen a separarse de las paredes del molde y las superficies recuperen su tamaño inicial al presionarlas. En caso de duda, inserte un cuchillo limpio o una broqueta de madera en el centro de cada bizcocho; debe salir limpio.

Deje enfriar unos 30 minutos fuera del horno. Cuando estén templados, desmóldelos y déjelos enfriar por completo sobre una rejilla metálica. Una vez fríos, envuélvalos en film de plástico y déjelos reposar toda la noche a temperatura ambiente. De esta forma los bizcochos se mantendrán firmes, con la textura perfecta para pulir y montar. Si se pulen demasiado pronto tras cocerlos, los bizcochos pueden desmenuzarse e incluso romperse.

Para montar el pastel
Nivele la superficie de los bizcochos utilizando un cuchillo de sierra y dándoles un grosor de 2,5 cm. Recorte los bordes y corte cada bizcocho en tres tiras iguales de unos 5 cm de ancho, para obtener tres piezas de bizcocho blancas y tres marrones del mismo tamaño. Para cada pastel Battenberg necesitará una pieza de bizcocho blanca y otra marrón.

Caliente suavemente la confitura de albaricoque y extiéndala formando una capa fina sobre los bizcochos oscuros (**1**). Coloque encima un bizcocho claro, luego corte por la mitad a lo largo y manténgalos planos (**2**). Pincele otra capa fina de confitura sobre la superficie de media tira y coloque la segunda mitad de tira encima, con los colores enfrentados de forma opuesta para crear una parrilla de cuatro cuadrados vistos desde el frente. Repita la operación con el resto de bizcocho, o congélelo para su uso posterior.

EL EFECTO AJEDREZADO DEL PASTEL SE OBTIENE COLOCANDO EN CAPAS
ALTERNAS DOS COLORES DE BIZCOCHO. LA SENCILLA COBERTURA DE MAZAPÁN
APORTA UN INTERÉS VISUAL UNA VEZ DECORADA.

Mezcle el mazapán con el colorante marrón hasta obtener un tono pálido. Extienda el mazapán sobre una superficie espolvoreada con azúcar de lustre, dándole de 3 a 4 mm de grosor. Debe ser lo bastante grande para poder cortar un cuadrado de 20 cm (**3**). Deslícelo sobre una superficie limpia o una hoja de papel sulfurizado (**4**). Extienda una capa fina de confitura sobre el mazapán (**5**). Coloque la preparación de bizcocho encima hacia un lado. Si fuese necesario, recorte la lámina de mazapán dándole la misma lon-

gitud que el pastel (**6**). Asegúrese de que los extremos se encuentren en una de las esquinas y envuelva cuidadosamente el mazapán alrededor del pastel (**7**). Recorte el exceso. Presione las uniones con los dedos.

Para que las paredes queden rectas, presione contra ellas las llanas para alisarlas (**8**). Para finalizar, rice los bordes superiores utilizando un rizador de mazapán (**9**).

PASTELITOS DE QUESO DE TRES BAYAS

ESTOS SORPRENDENTES PASTELITOS DE QUESO SON MUY FÁCILES DE PREPARAR; ADEMÁS, TIENEN UN SABOR FABULOSO. POSEEN UNA TEXTURA MUY LIGERA A BASE DE CAPAS DE FRESAS, FRAMBUESAS Y ARÁNDANOS.

Para 16 pastelitos individuales

ingredientes

Para la base de bizcocho
100 g de mantequilla derretida
2 cucharadas de miel líquida
200 g de galletas digestive, picadas finas
1 cucharadita de canela molida

Para el pastel de queso
6 láminas de gelatina
100 ml de puré de arándanos
100 ml de puré de fresas
100 ml de puré de frambuesas
(si no puede encontrar los purés preparados, hágalos usted mismo reduciendo a puré las bayas en una batidora y pasándolos luego por un tamiz fino)
620 g de queso crema entero
185 g de azúcar blanquilla
210 g de crema acidificada
640 ml de crema de leche espesa

utensilios

dieciséis anillos metálicos redondos para *mousse*
tiras de acetato de 5 cm de altura
tres mangas pasteleras de plástico

Forre el interior de los anillos metálicos con las tiras de acetato.

Para las bases de bizcocho
Derrita la mantequilla con la miel en un cazo. Agregue las galletas picadas y la canela molida y mezcle bien. Presione con cuidado una cucharada de la mezcla en el fondo de cada molde, manteniendo las paredes lo más limpias posible.

Para el pastel de queso
Ponga las láminas de gelatina en un cuenco y remójelas en agua fría. Caliente cada puré por separado, escurra el agua de las láminas de gelatina y disuelva dos de ellas en cada puré de frutas. Deje enfriar.

Ponga el queso crema y el azúcar blanquilla en un cuenco y mezcle hasta que la preparación esté homogénea. Agregue la crema acidificada. Monte la crema de leche espesa, pero no en exceso.

Divida la mezcla de queso crema en tres partes iguales. Una vez los purés de frutas se hayan enfriado a temperatura ambiente, incorpore cada uno por separado con un tercio de la preparación de queso crema con la ayuda de una batidora de varillas. Debe trabajar rápidamente, pues la gelatina puede cuajar.

Distribuya la crema montada en tres partes iguales. Mezcle con cuidado cada una con las tres preparaciones de queso.

Empezando por las fresas, seguidas de las frambuesas y de los arándanos, forme tres capas de mezcla de frutas en los moldes preparados. Personalmente, utilizo una manga pastelera para extender las diferentes capas. Sin embargo, puede depositar las capas con una cuchara en los moldes.

Si utiliza mangas, llene una manga de plástico con cada mezcla. Corte un agujero de 2,5 cm en el extremo de cada manga y forme una capa sobre la base del bizcocho hasta casi llegar a la mitad de las paredes. Repita la operación con el resto de las mezclas de frutas hasta alcanzar la parte superior.

Aplane las capas superiores con un cuchillo paleta o el dorso de una cuchara. Refrigere al menos 4 horas o hasta que haya cuajado.

Puede preparar estos pasteles hasta con 3 días de antelación si los conserva en la nevera. Desmóldelos y retire las tiras de acetato justo antes de servir.

PASTEL DE PLÁTANO CON GLASEADO DE PLÁTANO

PARA OBTENER EL MÁXIMO SABOR, UTILICE PLÁTANOS MUY MADUROS Y DEGUSTE EL PASTEL
UN DÍA DESPUÉS DE HORNEARLO PARA QUE LOS SABORES TENGAN TIEMPO DE DESARROLLARSE.

Para 1 pastel en forma de pan, para 8-12 raciones

ingredientes

100 g de mantequilla, y un poco más
para engrasar
200 g de azúcar moreno claro
1 cucharadita de canela en polvo
2 huevos medianos
300 g de plátanos muy maduros
180 g de harina
1 cucharadita de bicarbonato sódico
60 g de chocolate negro (mínimo 53 % de cacao),
picado o en gotas
80 g de nueces, tostadas y picadas gruesas
Para el glaseado de plátano
véase pág. 56

utensilios

molde para pan de 23 x 13 cm

Precaliente el horno a 175 °C.

Engrase el molde con mantequilla.

Para el pastel
Ponga la mantequilla, el azúcar y la canela en polvo en un cuenco mezclador y bata hasta que la preparación blanquee y esté esponjosa.

Bata los huevos ligeramente y viértalos poco a poco sobre la mezcla de mantequilla, trabajando a velocidad alta para incorporarlos.

Aplaste los plátanos y añádalos a la masa, seguidos del chocolate y las nueces.

Tamice juntos la harina y el bicarbonato y añádalos a la masa a velocidad lenta hasta que estén mezclados. Vierta la masa en el molde preparado.

Hornee de 35 a 40 minutos, dependiendo del horno. El pastel estará cocido cuando al presionar la superficie recupere su posición inicial. En caso de duda, inserte un cuchillo limpio o una broqueta de madera en el centro del pastel; debe salir limpio.

Deje enfriar unos minutos fuera del horno antes de desmoldarlo. Déjelo enfriar por completo sobre una rejilla metálica.

Para el glaseado
Siguiendo las instrucciones de la página 58, prepare el glaseado de plátano.

Una vez frío, extiéndalo sobre el pastel con un cuchillo paleta. Refrigere unos 30 minutos para que cuaje.

Sirva a temperatura ambiente.

PASTEL DE FRUTAS LIGERO Y LUJOSO

ESTE PASTEL, LIGERO Y JUGOSO, REPLETO DE FRUTAS, OFRECE UN TOQUE ADICIONAL CON LOS HIGOS CRUJIENTES. PARA CREAR UN PASTEL DE NAVIDAD CONTEMPORÁNEO Y OPULENTO, ME INSPIRÉ EN EL MUNDO DEL DISEÑO DE INTERIORES UTILIZANDO PLANTILLAS ADAMASCADAS, ÓVALOS Y CIERVOS CON LUSTRE DORADO. AL EMPLEAR PLANTILLAS CON UN GLASEADO REAL SE OBTIENE UN EFECTO MENOS LABORIOSO DE LO QUE PARECE. LE SUGIERO QUE PRUEBE PRIMERO SOBRE UN PAPEL PARA DOMINAR LA TÉCNICA ANTES DE DECORAR EL PASTEL.

Para un pastel ovalado de 15 x 20 cm, para 20 raciones pequeñas

ingredientes

Para la mezcla de frutas
150 g de uvas pasas
65 g de arándanos secos, cortados
230 g de pasas sultanas, picadas gruesas
120 g de cerezas enteras glaseadas
80 g de higos secos, picados
25 g de guindas, picadas
60 ml de whisky
50 g de jarabe de melaza dorado
la ralladura de 1 limón

Para el pastel
120 g de huevo (2 huevos pequeños, aproximadamente)
90 g de azúcar moreno oscuro
115 g de mantequilla, ablandada
25 g de almendras molidas
90 g de harina
¼ cucharadita de canela molida
una pizca de clavo molido
una pizca de nuez moscada en polvo
una pizca de sal
30 ml de whisky para remojar

Para la decoración
1 cucharada de confitura de albaricoque tamizada
600 g de mazapán
800 g de pasta de azúcar marfil
250 g de pasta de azúcar blanca para modelar flores
un poco de grasa blanca vegetal
pasta de colorante alimentario marfil y marrón
un poco de lustre de oro comestible
un poco de cacao en polvo (para el ciervo marrón)
unos 150 g de glaseado real
un poco de alcohol límpido, como vodka o aguardiente
un poco de gel para extender
azúcar de lustre, para espolvorear

utensilios

bandeja de cartón ovalada para pastel de 15 x 20 cm
bandeja de cartón ovalada para pastel de 20 x 25 cm
aproximadamente 1,5 m de cinta de satén de 15 mm de ancho para recubrir la base del pastel y el cartón
un trozo de cinta adhesiva de doble cara
molde ovalado para pastel de 15 x 20 cm
papel de periódico y cordel para insular el molde
un par de espaciadores de mazapán
llana para alisar pasteles
manga pastelera de papel
plantilla a láser adamascada para pasteles
cortador ovalado de unos 12 cm
molde de ciervo de silicona
pincel grande blando
pincel de pintor fino

Prepare este pastel al menos con 3 o 4 días de antelación y consérvelo envuelto en papel sulfurizado, y luego en papel de aluminio para preservar su sabor y jugosidad. Puede elaborarlo con varias semanas, e incluso meses de antelación si lo conserva en un lugar fresco y seco. Para un extra de jugosidad y sabor, emborrache el pastel con whisky cada semana o varias veces antes de glasearlo.

Para la mezcla de frutas

Ponga todos los ingredientes de la mezcla en un cuenco grande, incorpore bien y cubra con film de plástico. Deje reposar toda la noche a temperatura ambiente.

Precaliente el horno a 140 °C. Forre dos veces un molde ovalado con papel sulfurizado y envuélvalo con papel de embalaje marrón doblado, asegurándolo con un cordel.

Para el pastel

Ponga los huevos y el azúcar en un cuenco mediano y bata hasta que estén incorporados.

Bata en otro cuenco la mantequilla y las almendras molidas hasta que la mezcla esté cremosa pero no demasiado aireada. Agréguele lentamente la preparación de huevo hasta obtener una emulsión homogénea; si empezara a separarse, añada 1 cucharada de harina. De esta forma la masa quedará ligada.

Tamice juntos el resto de ingredientes secos y mézclelos con la masa anterior en dos tandas, hasta que estén incorporados.

Añada las frutas a la preparación de pastel y mezcle bien con una espátula o con las manos con unos guantes limpios.

Vierta la preparación en el molde. Nivele la superficie con el dorso de una cuchara. Antes de hornear, golpee el pastel sobre la superficie de trabajo unas cuantas veces para que no queden burbujas de aire. De esta forma la superficie del pastel no se cuarteará.

Hornee en el estante inferior del horno de 2 a 3 horas, dependiendo de su horno. Para evitar que el pastel se dore en exceso, coloque una placa vacía sobre el estante superior. El pastel estará cocido cuando la superficie esté dorada. En caso de duda, inserte un cuchillo limpio o una broqueta de madera en el centro del pastel; debe salir limpio.

Déjelo enfriar 10 minutos fuera del horno. Mientras todavía esté caliente, pincele la superficie del pastel con whisky. Deje que se enfríe por completo sobre una rejilla metálica antes de envolverlo en papel sulfurizado y de aluminio.

Para decorar el pastel y la bandeja

Desenvuelva el pastel y colóquelo boca abajo sobre la bandeja pequeña. Caliente suavemente la confitura de albaricoque y adhiera el pastel a la bandeja con la misma. Si quedan espacios vacíos entre la bandeja y el pastel, llénelos con trocitos de mazapán. Coloque el pastel y la bandeja sobre una hoja de papel sulfurizado. Pincele una capa fina de confitura caliente sobre la superficie y los lados del pastel.

Sobre una superficie espolvoreada con azúcar de lustre, extienda el mazapán dándole unos 5 mm de grosor utilizando unos espaciadores. Debe ser suficientemente grande para cubrir el pastel. Levante con un rodillo el mazapán y extiéndalo sobre todo el pastel. Alise el mazapán, aplanando la parte superior y los lados con las manos. Recorte el exceso con un cuchillo de cocina. Aplane la superficie y los lados del pastel con la llana.

Pincele un poco del licor sobre el pastel recubierto de mazapán para crear un adhesivo. Extienda la pasta de azúcar marfil y colóquela sobre el mazapán de la misma forma. Recorte el exceso como antes, reservando los recortes para cubrir la bandeja. Deje cuajar toda la noche.

Mientras, pincele un poco de licor sobre la bandeja del pastel grande. Extienda el resto de pasta de azúcar marfil, dándole unos 3 mm de grosor, y póngala sobre la bandeja. Presione hacia abajo con una llana y recorte cualquier exceso de pasta, dejando que ésta cuelgue alrededor de los bordes. Reserve los recortes para preparar la placa.

Levante la bandeja cubierta con una mano, y con la otra, presione la pasta de azúcar que cuelga hasta que caiga, creando un borde limpio. Utilice un cuchillo de cocina con el borde liso para contar el exceso de pasta de los lados de la bandeja. Deje reposar toda la noche.

Al día siguiente, extienda una capa fina de glaseado real en el centro de la bandeja cubierta y coloque el pastel encima. Asegúrese de que no quede glaseado debajo de los bordes. Deje cuajar 30 minutos como mínimo.

Para decorar los lados del pastel

Para recrear el diseño del pastel grande, necesita dos mangas pasteleras de papel (*véase* pág. 184) rellenas con glaseado real con la consistencia de picos blandos (*véase* pág. 183), una coloreada con marrón y la otra con marfil. Para el diseño del pastel pequeño, sólo precisa el glaseado real.

Para el diseño adamascado, incorpore el resto de glaseado real con el glaseado marrón (**1-3**). Para el diseño de la guirnalda, mézclelo con marfil. Sostenga bien la plantilla plana contra el lado del pastel (**4**). Si es posible, permita que alguien le ayude a mantener la plantilla en su lugar mientras extiende el glaseado por encima (**5**). Una vez el diseño esté cubierto (**6**), retire con cuidado la plantilla (**7**). Asegúrese de que no arrastra glaseado sobre la superficie de pasta de azúcar blanca. Deje secar. Limpie la plantilla cada vez antes de aplicar el próximo diseño sobre el pastel.

Para el diseño marrón adamascado, delinee los detalles con glaseado marfil con la consistencia de picos blandos (**8**). Para el glaseado marfil, no se requieren contornos. Una vez seco, mezcle el lustre de oro con una gota de alcohol y gel para extender, para obtener una pintura dorada espesa (**9**). Con un pincel fino (**10**), pincele los contornos del diseño adamascado o el detalle marfil de la guirnalda.

Para la placa ovalada

Mezcle 75 g de pasta de azúcar con la misma cantidad de pasta de azúcar para modelar. Si queda pegajosa, amase con un poco de grasa vegetal. Para el pastel grande, coloree la pasta con colorante marfil. Para el pequeño, utilice colorante alimentario marrón.

Extienda la pasta sobre una superficie ligeramente espolvoreada con azúcar de lustre, dándole unos 2 mm de grosor. Con un cortador ovalado, corte un óvalo y colóquelo sobre una hoja de papel sulfurizado. Para el pastel grande, espolvoree generosamente la placa marfil ovalada con lustre de oro. Asegúrese de que los lados estén cubiertos, así como la superficie.

Para el ciervo

Para el ciervo marrón, mezcle el resto de pasta de florista con un poco de grasa blanca vegetal y colorante alimentario marrón. Para el ciervo dorado, mezcle la pasta con colorante alimentario marfil. Para el ciervo marrón, pincele generosamente el interior del molde de ciervo con cacao en polvo. Para el ciervo dorado, haga lo mismo con lustre dorado (**11**). Asegúrese de que todos los huecos y las esquinas del molde estén cubiertos.

Presione la pasta para moldear y utilice trozos individuales para las áreas más pequeñas y delicadas (**12**). Alise la forma de ciervo y asegúrese de que todas las partes del cuerpo estén unidas. Recorte el exceso de pasta hasta que la base del ciervo esté completamente plana (**13-14**).

Para desmoldar el ciervo, doble el molde de dentro hacia fuera hasta que caiga el animal (**15**). Déjelo secar brevemente. Una vez advierta que está compacto, colóquelo en la placa y péguelo con cola comestible.

Para los motivos alrededor de la placa

Utilizando una manga pastelera rellenada con el glaseado blando, trace una guirnalda sencilla en forma de C alrededor del borde de la placa. Realice pequeños puntos entre cada guirnalda. Para que el diseño quede continuo, practique primero el borde sobre un papel antes de hacerlo directamente sobre el pastel (**16**).

Si utiliza el glaseado marfil, pincele el borde con lustre dorado una vez seco.

Termine de adornar el pastel con una cinta de satén o un círculo de puntitos alrededor de la base.

BEBIDAS DELICIOSAS

LIMONADA ROSADA

NUESTRA LIMONADA ROSADA ES MUY POPULAR EN EL SALÓN, YA QUE ES UN BUEN ACOMPAÑAMIENTO PARA LOS *CUPCAKES*. EL ZUMO DE ARÁNDANOS PROPORCIONA UN BONITO COLOR ROSADO. PARA OTRAS VARIANTES, AÑADA MORAS PARA OBTENER UN COLOR CEREZA MÁS OSCURO, O ZUMO DE KIWI PARA UN TONO VERDE PÁLIDO.

Para unos 4 vasos

ingredientes

100 ml de zumo de limón recién exprimido
100 g de azúcar blanquilla
500 ml de agua
60 ml de zumo de arándanos o frambuesas
cubitos de hielo y rodajas de limón, para servir

utensilios

exprimidor de cítricos
cazo
jarra de cristal o tetera
vasos altos

Ponga en un cazo el zumo de limón, el azúcar blanquilla y el agua, y lleve a ebullición. Cueza a fuego lento hasta que el azúcar se disuelva y deje enfriar.

Una vez frío, añada el zumo de arándanos.

Sirva frío en vasos altos con mucho hielo y rodajas de limón.

TÉ DE MENTA

SE TRATA DE UNA BEBIDA LIGERA Y REFRESCANTE CON TÉ Y MENTA, PERFECTA PARA UNA FIESTA DE VERANO. SÍRVALA EN TAZAS DE PORCELANA ANTIGUAS PARA OBTENER UN EFECTO ELEGANTE Y RELAJADO.

Para unas 4 tazas

ingredientes

un puñado de hojas de menta frescas
1 cucharadita de té verde y menta de Peggy, o
cualquier té de menta de calidad
150 ml de agua
150 ml de zumo de limón fresco
150 g de azúcar blanquilla
50 ml de vodka
un chorrito de crema de menta
un chorrito de zumo de lima fresco
cubitos de hielo

utensilios

exprimidor de cítricos
cazo
jarra de cristal o tetera
(con una bola para infusiones
si utiliza hojas de té)
tazas de té antiguas

Retire los extremos de las ramitas de menta y colóquelas en agua helada para mantenerlas frescas.

Ponga el resto de las hojas de menta con el té de menta en una jarra de cristal o tetera.

Hierva el agua y viértala sobre el té verde y de menta. Deje en infusión durante 3 minutos. Deje enfriar.

Ponga el zumo de limón y el azúcar blanquilla en un cazo y lleve a ebullición. Cueza a fuego lento hasta que el azúcar se haya disuelto y deje enfriar.

Una vez los líquidos estén fríos, mézclelos y añada el vodka, la crema de menta y el zumo de lima. Refrigere.

Sirva frío en tazas de té antiguas y adorne con unas hojitas de menta fresca.

TÉ HELADO DE BAYAS

ES UNA BEBIDA REFRESCANTE, PERFECTA PARA UN DÍA CALUROSO VERANIEGO.

Para unos 4 vasos

ingredientes

400 ml de agua
4 cucharaditas de té de bayas veraniegas de Peggy,
u otro té de bayas de calidad
el zumo de 1 limón
el zumo de 1 naranja
50 g de azúcar blanquilla
cubitos de hielo y bayas frescas variadas, para servir

utensilios

exprimidor de cítricos
jarra de cristal o tetera (con una bola para
infusiones si utiliza hojas)
vasos bajos

Ponga las hojas de té de bayas en una jarra o tetera.

Lleve a ebullición el agua y viértala sobre el té de
bayas. Deje en infusión de 3 a 5 minutos. Deje que
se enfríe.

Vierta los zumos de limón y de naranja y el azúcar
en un cazo y lleve a ebullición. Cueza a fuego lento
hasta que el azúcar se haya disuelto; luego deje enfriar.

Una vez los líquidos estén fríos, mézclelos. Deje que
se enfríe.

Sirva frío en vasos bajos con hielo y unas cuantas
bayas veraniegas.

CHOCOLATE BLANCO CALIENTE A LA VAINILLA

RECONFORTANTE PARA LOS FRÍOS DÍAS INVERNALES Y TAMBIÉN IDEAL
PARA LOS AMANTES DE LO DULCE.

Sírvalo solo o con pastas de Navidad especiadas. Para unos 4 vasos

ingredientes

150 ml de crema de leche espesa
300 ml de leche
una pizca de nuez moscada molida
las semillas de ½ vaina de vainilla
150 g de chocolate blanco

utensilios

cazo
vasos altos tipo *mug*

Vierta en un cazo la crema, la leche, la nuez moscada y las semillas de vainilla (también puede añadir la
vaina, pero retírela antes de agregar la crema al chocolate) y caliente por debajo del punto de ebullición.

Ponga el chocolate en un cuenco mezclador y vierta por encima la crema caliente. Bata hasta que el
chocolate se haya derretido.

Sirva caliente en vasos altos de cristal.

CHOCOLATE CALIENTE CASERO

UNA DELICIA PARA LOS AMANTES DEL CHOCOLATE, EN LA QUE EL EMPLEO
DE VERDADERO CHOCOLATE Y CACAO EN POLVO SUPONE LA DIFERENCIA. SE TRATA DE
UNA RECETA SUNTUOSA QUE LE APORTARÁ UNOS MOMENTOS DE FELICIDAD.

Para unas 2 tazas o *mugs* o 2-3 tazas de té

ingredientes

150 g de chocolate (mínimo 53 % de cacao),
picado o en gotas
2 cucharaditas de cacao en polvo, y un poco
más para espolvorear (opcional)
125 ml de crema de leche espesa
300 ml de leche
las semillas de ½ vaina de vainilla

utensilios

cazo
tazas de té
plantilla para estarcir (opcional)

Vierta en un cazo la crema, la leche y las semillas de
vainilla (también puede añadir la vaina, pero retírela
antes de agregar la crema al chocolate) y caliente
por debajo del punto de ebullición.

Ponga el chocolate en un cuenco mezclador y tamice encima el cacao en polvo. Vierta la crema caliente y bátalos hasta que el chocolate se haya derretido.

Incorpore la mezcla al cazo y caliente unos pocos minutos sin dejar de remover. No deje que hierva, ya
que el chocolate podría quedar amargo. Pruebe para
asegurarse de que el cacao en polvo se ha disuelto
por completo. Pase la preparación a través de un tamiz.

Sirva caliente en tazas.

Para un bonito efecto decorativo, coloque una plantilla de estarcir pequeña sobre el borde de cada
taza y espolvoree con cacao en polvo.

BATIDO DE PLÁTANO Y MANTEQUILLA DE CACAHUETE

ESTA BEBIDA DELICIOSA Y ENERGÉTICA ES APTA TANTO PARA NIÑOS COMO PARA ADULTOS, ADEMÁS, ES IDEAL PARA UTILIZAR PLÁTANOS MUY MADUROS. ME GUSTA BEBERLA POR LA MAÑANA, YA QUE CONSTITUYE UN DESAYUNO COMPLETO RÁPIDO Y SABROSO.

Para unos 2 vasos

ingredientes

2 plátanos muy maduros
350 ml de leche fría
1 cucharada de mantequilla de cacahuete lisa
1-2 cucharaditas de miel (dependiendo del grado
de maduración de los plátanos)

utensilios

batidora de pie o manual con una jarra
vasos altos
pajitas

Ponga todos los ingredientes en el recipiente de la batidora y bata hasta que la mezcla esté homogénea y espumosa.

Sirva enseguida en vasos altos.

VINO ESPECIADO

EL VINO ESPECIADO ES UNA DE MIS DELICIAS NAVIDEÑAS. ME RECUERDA LAS HORAS
QUE PASABA EN LOS MERCADOS NAVIDEÑOS ALEMANES CERCANOS A MI HOGAR. EL VINO ESPECIADO
O *GLÜHWEIN*, COMO LE LLAMAMOS, NO SÓLO ES DELICIOSO CON LAS GALLETAS DE NAVIDAD
TRADICIONALES, COMO MIS ESTRELLAS DE VINO DE ESPECIADO (*VÉANSE* PÁGS. 52-53) O PUEBLO
DE JENGIBRE (*VÉANSE* PÁGS. 48-51), SINO TAMBIÉN PARA APORTAR UN TOQUE FESTIVO.
SIRVO EL VINO ESPECIADO EN COPAS ANTIGUAS ÚNICAS DE CRISTAL Y PORCELANA.

Para unas 4 tazas de té

ingredientes

1 naranja, y unas rodajas extra para servir
500 ml de vino tinto
50 ml de vino de jengibre verde
100 ml de agua
35 g de azúcar blanquilla
1 cucharadita de clavos, molidos
2 trozos de canela en rama aplastados,
y un poco más para servir
½ cucharadita de nuez moscada molida
1 anís estrellado, aplastado, y un poco más
para servir

utensilios

pelapatatas
cazo
tamiz fino o muselina
tazas de té antiguas con bases de cristal o
cualquier vaso o *mug* refractario bonito

Pele la corteza de la naranja y córtela por la mitad.

Ponga en un cazo la corteza y las mitades de naranja y el resto de ingredientes. Caliente a fuego lento
unos 20 minutos, pero no deje que hierva.

Retire el recipiente del fuego, tape la superficie con
film de plástico o una tapa y deje en infusión 30 minutos como mínimo.

Transcurrido este tiempo, filtre a través de un tamiz
fino para retirar la cáscara y las especias.

Sirva caliente en copas antiguas de cristal y porcelana.

EL GLASEADO
DEL PASTEL

En este capítulo muestro las técnicas decorativas y otros toques empleados para montar y decorar los pasteles y las preparaciones de este libro. Todas las técnicas y recetas aportarán un sello de calidad a sus dulces. Este capítulo es una fuente de consejos fáciles sobre la forma de preparar flores de azúcar sencillas, glaseados y pasteles y *cupcakes* glaseados, así como la elaboración del glaseado real para las decoraciones que se extienden con manga. Puesto que las cantidades varían en cada receta, a continuación indico las proporciones, así como las explicaciones de los ingredientes más esenciales.

Pasta de azúcar blanda para moldear Al natural, la pasta de azúcar es demasiado blanda para moldear y se rompe durante el proceso, por lo que la mezclo con goma tragacanto, que es una goma natural sin sabor, soluble en agua, que se emplea como endurecedor o agente espesante. La proporción es más o menos de 1 cucharadita de goma tragacanto por 300 g de pasta de azúcar, dependiendo de la dureza que se desee. La pasta debe quedar un poco seca, por lo que hay que agregar un poco de grasa vegetal para que la preparación quede lisa y fácil de trabajar. Una vez mezclada, la pasta de azúcar debe reposar 30 minutos para que quede firme. Puesto que la pasta se seca muy rápidamente una vez expuesta al aire, debe cubrirse con film de plástico o colocarse en una bolsa de plástico.

Cola comestible Puede comprarla preparada, pero yo la elaboro mezclando 1 cucharadita de goma tragacanto con 150 ml de agua. También puede utilizar CMC o sustituto de la goma tragacanto. Al principio, la preparación quedará apelmazada, pero una vez remueva, el polvo adquirirá volumen, y tras mezclarlo con agua se convertirá en un gel denso y liso. La consistencia debe ser un poco más blanda que la del gel capilar. Empleo cola comestible para pegar pasta de azúcar o pasta de azúcar para modelar flores.

Glaseado real Lo puede comprar ya elaborado; está compuesto de azúcar de lustre premezclado con clara de huevo en polvo, y todo lo que debe hacer es mezclarlo con agua. Estas preparaciones funcionan muy bien pero suelen ser costosas. Para elaborar mi propio glaseado real, tamizo azúcar de lustre de caña, pues es más fino que el de remolacha. La proporción de azúcar de lustre con relación a la clara de huevo líquida (ya sea fresca, pasteurizada o en polvo y mezclada con agua) es de 6 a 1. Así, para 3 kg de azúcar de lustre, necesitará 500 ml de líquido. Ésta es una buena guía para una receta general, que puede adaptar a las cantidades necesarias. Cuando prepare glaseado real, es crucial que los utensilios estén completamente libres de grasa, pues el glaseado no se endurecería correctamente. De la misma forma, intente no añadir ninguna traza de yema de huevo al separar los huevos.

equipo básico para hornear

batidora eléctrica de pie con varillas y pala, por ejemplo de Kitchen Aid o Kenwood
robot de cocina o batidora eléctrica manual
juego de cuencos de varios tamaños
jarra medidora
espátula de goma
pincel de pastelería con cerdas naturales o sintéticas (los de silicona no recogen líquido suficiente)
una selección de fuentes para hornear
rodillo para extender grande antiadherente
par de espaciadores de mazapán
tamiz fino para espolvorear y tamizar
harina y azúcar de lustre
azúcar de lustre
cuchillo paleta grande y pequeño
tijeras afiladas
lira para cortar pastel o cuchillo de sierra grande
cuchillo de cocina pequeño de hoja lisa
rejilla metálica para enfriar
cazo hondo
disco metálico u otro disco
plano (como la base desmontable de un molde)
soporte para pasteles antideslizante
mangas pasteleras de plástico
film de plástico
papel sulfurizado o silicona

MARGARITAS Y HOJAS SENCILLAS

necesitará

pasta de azúcar blanca
grasa blanca vegetal
pasta alimentaria verde y amarilla
polvo para pétalos (opcional)
un poco de glaseado real mezclado con una consistencia de picos blandos,
y coloreado hasta obtener un tono amarillo pálido (*véase* pág. 183)

utensilios

tabla de plástico pequeña antiadherente con base antideslizante
rodillo de plástico pequeño antiadherente
cortador de flores con expulsor en forma de margarita, o similar
cortador en forma de hojas pequeñas
herramienta para marcar o marcador
almohadilla de espuma perforada
pincel de artista fino (opcional)
manga pastelera de plástico (*véase* pág. 184)

Para preparar una margarita Amase la pasta de azúcar con un poco de grasa blanca vegetal hasta que la mezcla esté homogénea y flexible. Extienda la pasta dándole unos 2 mm de grosor.

Coloque el cortador de flores sobre la pasta y presione firmemente. Levante el cortador y, con la ayuda de los dedos, pula los bordes de los pétalos. Separe la margarita del cortador sobre la almohadilla de espuma y deje cuajar.

Para añadir un botón amarillo en el centro de la margarita, utilice una manga pastelera de papel llena de glaseado real amarillo pálido con una consistencia de picos blancos. Extienda un pequeño botón en el centro de la flor. Deje enfriar.

Para preparar una margarita Amase la pasta de azúcar con un poco de colorante alimentario verde en pasta y luego con grasa blanca vegetal, hasta que la mezcla esté flexible. Extiéndala dándole unos 2 mm de grosor.

Coloque el cortador de hojas pequeño sobre la pasta verde y presione. Levante el cortador y separe la hoja del cortador poniéndola sobre la almohadilla de espuma. Con la ayuda del marcador, corte a lo largo del centro de la hoja para obtener una forma curva. Deje cuajar sobre la almohadilla.

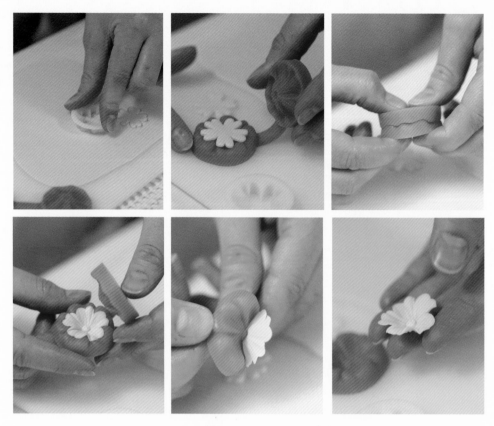

FLORES FÁCILES Y RÁPIDAS

necesitará

pasta de azúcar blanca coloreada con colorante alimentario en pasta, tal como se indique
grasa blanca vegetal
polvo de pétalos (opcional)
un poco de glaseado real mezclado con una consistencia de picos blandos (*véase* pág. 183)

utensilios

tabla de plástico pequeña antiadherente y antideslizante
rodillo pequeño de plástico antiadherente
cortador de flores
herramienta para marcar o marcador
paleta de artista de plástico con 10 cavidades, o utilice una almohadilla de espuma perforada
pincel de artista fino (opcional)
manga pastelera de plástico (opcional)

Amase la pasta de azúcar con un poco de pasta alimentaria de color, si la emplea, y luego con grasa blanca vegetal hasta que la mezcla esté homogénea y flexible. Extienda la pasta dándole unos 2 mm de grosor.

Ponga el cortador de flores sobre la pasta y presione firmemente. Levante el cortador y separe la flor. Corte varias flores a la vez. Engrase ligeramente el marcador con la grasa blanca vegetal. Coloque cada flor, una a una, sobre el marcador y presione. Doble cuidadosamente el molde hacia fuera para separar la flor modelada. Colóquela sobre una cavidad de la paleta o sobre una almohadilla perforada. Deje cuajar unas horas o preferiblemente toda la noche.

Una vez secas, puede colorear sus flores pincelándolas con un poco de polvo de pétalos con un pincel fino. Si lo desea, extienda un pequeño botón de glaseado en el centro de la flor y déjela secar.

CRISANTEMOS

necesitará

pasta de azúcar blanca coloreada con pasta alimentaria, tal como se indique
goma tragacanto
grasa blanca vegetal
molde de silicona para crisantemos

Amase la pasta de azúcar con un poco de goma tragacanto hasta que esté firme y flexible. Agregue el colorante para obtener el tono deseado. Si la pasta está pegajosa, añada grasa blanca vegetal. Envuélvala en film de plástico y déjela reposar de 15 a 30 minutos para que esté firme.

Pase un poco de grasa blanca vegetal por el molde. Presione firmemente contra el molde un trozo de pasta del tamaño de una nuez. Alise la superficie con un cuchillo paleta y pula los bordes con los dedos. Doble cuidadosamente el molde para desprender la flor.

FLORES DE PAPEL DE ARROZ

necesitará

obleas de papel de arroz comestible
vaporizador de lustre comestible perlado en tonos rosa, azul y verde
taladrador para flores de papel

Vaporice el lustre sobre el papel de arroz y déjelo secar durante unos cuantos minutos. Mantenga el papel de arroz lo más plano posible, pues el vaporizador hará que se curve ligeramente.

Con la ayuda del taladrador, corte unas flores.

FLORES APLICADAS

necesitará

pasta de azúcar blanca coloreada, tal como se indique
goma tragacanto
grasa blanca vegetal
un poco de alcohol límpido, como vodka, o cola comestible (*véase* pág. 172)

utensilios

tabla de plástico pequeña antiadherente antideslizante
rodillo pequeño de plástico antiadherente
selección de cortadores de flores de diferentes tamaños y formas
pincel de artista fino

Amase la pasta de azúcar con un poco de goma tragacanto hasta que esté firme y flexible. Agregue el colorante para obtener el tono deseado, luego amase con un poco de grasa vegetal hasta que la mezcla esté homogénea y flexible. Extienda la pasta dándole unos 2 mm de grosor. Cuando no la esté usando, envuélvala en film de plástico para que no se seque. Ponga un cortador de flor sobre la pasta y presione firmemente. Levántelo y desprenda la flor. Corte cuantas formas y tamaños requiera. Pincele un poco de alcohol límpido o cola comestible sobre una flor grande y coloque encima una flor mediana. Forme tantas capas de diferentes colores y tamaños como precise. Deje endurecer ligeramente antes de aplicar sobre el pastel.

....

consejo

Las flores aplicadas deben estar suficientemente firmes para mantener su forma, aunque
flexibles para poderlas colocar sobre una superficie curvada, sin que la pasta se cuartee.

HOJAS DE OTOÑO

necesitará

mazapán
grasa blanca vegetal
lustre de oro y cobre en polvo comestibles

utensilios

molde de silicona para hojas otoñales
rodillo de plástico pequeño antiadherente
pincel grande blando para espolvorear
almohadilla de espuma perforada para secar las hojas

Prepare las hojas al menos con un día de antelación y deje reposar el tiempo suficiente para que estén firmes. Amase el mazapán hasta que esté homogéneo y flexible. Pase una capa fina de grasa blanca vegetal sobre el molde. Coloque en el mismo un trozo de mazapán del tamaño de una nuez y, utilizando el rodillo, presione hacia abajo hasta que el mazapán cubra el diseño de la hoja. Aplane y alise con los dedos hasta que tenga un grosor homogéneo, y luego retire el exceso de mazapán con un cuchillo de cocina. Doble el molde hacia arriba para que se desprenda la hoja. Colóquela sobre un trozo pequeño de papel sulfurizado. Para un efecto otoñal, pincele la hoja con una mezcla de lustre en polvo de color dorado y cobre. Pase la hoja a una almohadilla de espuma y deje que se endurezca.

consejo

Para estas hojas, utilizo mazapán en vez de pasta de azúcar, pues su aceite natural realza el lustre metálico.
Si está demasiado blando, amáselo con un poco de azúcar de lustre o goma tragacanto hasta que esté firme.

GLASEAR *CUPCAKES* CON UNA MANGA PASTELERA Y UNA BOQUILLA REDONDA

Tanto si usa una boquilla redonda como en forma de estrella, la técnica para extender el glaseado sobre los *cupcakes* es la misma.

Para preparar la manga pastelera de plástico, corte la punta para obtener una abertura suficientemente amplia para la boquilla. Insértela y llene la manga con el glaseado blando, pero todavía suficientemente frío para mantener su forma al extenderlo. Retuerza el extremo abierto de la manga y sosténgala con el puño para evitar que el relleno caiga por el extremo superior de la misma.

Mantenga la manga en sentido vertical con la boquilla cerca del centro del *cupcake*. Retuerza la manga hasta que salga el glaseado; la presión debe proceder de su puño. Sostenga la punta de la boquilla firmemente con su mano libre. A medida que extiende

el glaseado, mueva la boquilla del centro hacia el exterior mientras continúa presionando de forma uniforme.

Una vez haya recorrido todo el contorno exterior del *cupcake*, vaya de nuevo lentamente hacia el centro. Extienda otra capa sobre la primera.

Cuando alcance el centro del *cupcake,* deje de extender, luego presione ligeramente la boquilla contra el glaseado justo unos pocos milímetros debajo y levántela. Este proceso hace que se forme un pico perfecto sobre la superficie.

Una vez haya extendido el glaseado, refrigere de 15 a 30 minutos para que quede firme antes de añadir las decoraciones elegidas.

utilizar una manga pastelera y una boquilla en forma de estrella

GLASEAR *CUPCAKES* CON UN CUCHILLO PALETA PEQUEÑO

Asegúrese de que el glaseado esté blando y pueda extenderse.

Ponga el glaseado equivalente al que puedan contener dos cuchillos paleta sobre la superficie del *cupcake*. Con la ayuda de un cuchillo paleta, extienda el glaseado sobre la superficie del *cupcake*, pasando el cuchillo contra el borde del molde de papel.

Extienda el glaseado con el cuchillo paleta por los lados alrededor de la superficie del pastelito, aplanándola ligeramente pero manteniendo su forma de cúpula.

Para finalizar, deslice una vez el cuchillo paleta alrededor de los bordes del molde de papel y retírelo.

Una vez haya extendido todo el glaseado, refrigere los *cupcakes* de 15 a 30 minutos para que el glaseado quede firme antes de añadir la decoración elegida.

MONTAR CAPAS DE PASTEL

necesitará

lira para pastel o cuchillo grande de sierra
soporte giratorio antideslizante
disco metálico plano más grande que el soporte (utilizo un fondo de molde desmontable)
bandeja de cartón para pastel del mismo tamaño y forma que el pastel
pincel de pastelería y jarra (si la receta requiere almíbar de azúcar)
cuchillo paleta plano grande
llana para postres

1 Pula de forma uniforme las superficies de las capas de bizcocho utilizando una lira o un cuchillo de sierra grande.

2 Deseche los recortes. En el caso de bizcochos ligeros, corte también la base de la capa central para retirar cualquier parte oscura: esto no es preciso en un pastel de chocolate negro. Si quedan partes oscuras sobre la superficie del pastel una vez pulido, frótela formando círculos con la mano plana hasta que la mayor parte de las migas oscuras hayan desaparecido.

3 Centre un disco metálico plano sobre un soporte giratorio antideslizante y luego coloque la bandeja de cartón en el centro, asegurándola al disco con un poco de crema de mantequilla o *ganache* dispuesta sobre la bandeja de cartón.

4 Coloque la capa inferior de bizcocho sobre la bandeja de cartón con la cara oscura hacia abajo. Si es necesario, pincele con almíbar de azúcar.

5 Reparta el relleno sobre el centro de la capa de bizcocho. Con un cuchillo paleta plano grande, extienda homogéneamente el relleno desde el centro hacia los extremos, dando la vuelta al soporte en sentido contrario a la dirección del cuchillo paleta. Sosténgalo paralelo al bizcocho, pero con la hoja un poco hacia arriba. Extienda el relleno dándole de 3 a 5 mm de grosor.

6 Coloque la capa central de bizcocho sobre la inferior; en el caso de un bizcocho ligero, ésta es la capa que se ha pulido en las caras superior e inferior. Si es necesario, pincele esta capa con almíbar de azúcar.

7 Extienda el relleno sobre la capa central como en el paso 5 y luego coloque la capa superior sobre la central con la parte de la corteza mirando hacia arriba. Presione suavemente con las manos para que quede plano, para retirar las burbujas de aire entre las capas.

8 Reparta una generosa cantidad de crema de mantequilla, glaseado o *ganache* sobre la superficie del pastel.

9 Con un cuchillo paleta plano grande, extienda la crema de mantequilla, glaseado o *ganache* sobre la superficie del pastel como en el paso 5. Aplique la presión suficiente para extender la capa finamente hasta que pueda ver la capa oscura del bizcocho y el exceso de cobertura caiga por los lados.

10 Sosteniendo el cuchillo paleta en vertical, presione la cobertura contra las paredes del pastel. Extiéndala por los lados empleando un movimiento hacia delante y atrás mientras da la vuelta al soporte en sentido contrario a la dirección del cuchillo paleta.

11 Una vez haya recubierto el pastel, pase una rasqueta metálica alrededor de las paredes aplicando una presión uniforme para queden lo más rectas posible. De nuevo, debe obtener una capa muy fina que permita ver las partes oscuras del pastel.

12 Limpie las superficies del pastel raspando el exceso de cobertura y trabajando a partir de los bordes hacia el centro, utilizando el cuchillo paleta con un movimiento rápido. Esta primera capa se denomina corteza; su propósito es mantener cohesionadas las migas y crear una forma básica para el pastel. Cuanto mejor esté esta capa, mejores resultados obtendrá. Refrigere el pastel hasta que esta capa esté firme; puede necesitar de 30 minutos a 1 hora.

13-14 Para la cobertura final, cubra la superficie y los lados del pastel con crema de mantequilla, glaseado o *ganache*, como en los pasos 9 y 10. Utilice la suficiente cobertura para que no se vean las partes oscuras. Deberá trabajar rápidamente, pues la capa fría anterior endurecerá esta capa de cobertura con bastante celeridad.

15 Una vez haya recubierto la superficie y los lados del pastel, pase una rasqueta metálica por los lados, de la misma forma que en el paso 11, sosteniendo el extremo inferior de la rasqueta contra la bandeja del pastel. Si los resultados no son perfectos la primera vez, repita este paso, ya que requiere un poco de práctica.

16 Pula la superficie del pastel como en el paso 12. Refrigérelo al menos 1 hora o hasta que esté firme.

GLASEADO REAL

ingredientes

azúcar de lustre tamizado (*véase* pág. 172)
un chorrito de zumo de limón
clara de huevo o clara de huevo en polvo (mezclada con agua siguiendo las
instrucciones del paquete)

utensilios

batidora eléctrica con pala o varillas para amasar
espátula de goma
cuenco mediano o contenedor alimentario de plástico con tapa
paño limpio húmedo
film de plástico (opcional)

Ponga el azúcar de lustre en el cuenco limpio y sin grasa de la batidora eléctrica con el zumo de limón y tres cuartos de la clara de huevo, natural o en polvo.

Mezcle a la velocidad más lenta hasta que todo esté incorporado. Quizás deba cubrir el cuenco mezclador con un paño húmedo para que el azúcar de lustre no salpique. Si la preparación le parece demasiado seca, añada un poco más de líquido hasta que el glaseado esté homogéneo pero no húmedo. Al cabo de unos 2 minutos, raspe los lados del cuenco para asegurarse de que el glaseado esté bien incorporado. Si le parece que todavía está demasiado seco y granuloso alrededor de los bordes, agregue un poco más de líquido. Si el glaseado parece ligeramente líquido y brillante, rectifique la consistencia añadiendo un poco más de azúcar de lustre tamizado.

Prosiga batiendo a velocidad lenta de 4 a 5 minutos. Vigile la consistencia del glaseado real, pues si se trabaja en exceso puede quedar demasiado aireado.

El glaseado real estará listo cuando aparezcan picos firmes alrededor de las paredes del cuenco y pueda oír un ligero sonido a medida que las palas se mueven. Debe quedar liso con una textura satinada.

Páselo a un cuenco limpio o de plástico y cubra con un paño húmedo. El glaseado puede conservarse hasta 1 semana a temperatura ambiente, si se cubre con una tapa o film de plástico.

LLENAR UNA MANGA PASTELERA CON GLASEADO REAL

Cuando rellene una manga pastelera de papel con glaseado real, utilice aproximadamente 1 cucharada a la vez. La manera más limpia de llenar una manga consiste en usar un cuchillo paleta, depositando el glaseado dentro de la manga doblada, dejándolo caer dentro. Con un cuchillo paleta limpio, presione el glaseado hacia abajo lo máximo posible.

Una vez llena, aplane el extremo abierto de la manga con la juntura centrada a un lado.

Doble la parte superior de la manga y siga doblándola hasta que no pueda realizar otra doblez para crear tensión en la manga; con ello, se facilitará el extendido del glaseado.

Reserve la manga rellena dentro de una bolsa de plástico cerrada hasta que vaya a utilizarla. Una vez vaya a extender el glaseado, corte una pequeña sección justo en el borde de la manga utilizando unas tijeras afiladas.

consejo

Si el glaseado se conserva varios días, el líquido puede separarse. En este caso, ponga el glaseado en el cuenco de una batidora eléctrica y mezcle a la velocidad más lenta.

COLOR Y CONSISTENCIA

necesitará

glaseado real
cuchillo paleta pequeño
jarra con agua
superficie de trabajo limpia o disco plano para mezclar o cuenco pequeño
colorante alimentario en pasta o líquido
film de plástico o bolsa de plástico con cierre (opcional)

COLOREAR EL GLASEADO REAL

1 Ponga el glaseado real sobre una superficie de trabajo limpia o un disco plano, colocando cerca un poco de colorante alimentario. Con un cuchillo paleta, recoja un poco de glaseado real y mézclelo con el colorante.

2 Incorpore el colorante con el glaseado, rompiendo cualquier mota. Si no se mezcla debidamente, éstas pueden explotar y manchar el glaseado al secarse.

3 Una vez incorporado, añada poco a poco el glaseado coloreado al blanco y mezcle hasta que haya conseguido el tono deseado.

CONSISTENCIA DEL GLASEADO REAL

4 Para preparar el glaseado real con una consistencia de picos blandos, sumerja el cuchillo paleta en agua y mézclelo con el glaseado hasta que esté un poco brillante y forme picos que caigan pero mantengan su forma. Esta consistencia es para dibujar contornos, bordes y puntos, así como para estarcir.

5 Para preparar un glaseado real líquido, siga añadiendo agua hasta que el glaseado esté brillante, ligado y quede plano en 4 o 5 segundos. Esta consistencia es perfecta para las galletas.

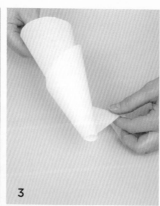

PREPARAR UNA MANGA DE PAPEL

Tome un rectángulo de silicona o papel sulfurizado encerado de unos 30 x 45 cm y córtelo por la mitad en diagonal de una esquina a la opuesta. En vez de realizar una serie de cortes, deslice las hojas de las tijeras por el papel para obtener un corte limpio.

Sostenga uno de los triángulos de papel resultantes con su mano, en el centro del lado más largo, situando la mano en el extremo del lado opuesto. La cara más larga del triángulo debe estar a su izquierda.

1 Doble la esquina corta de su derecha sobre la esquina frente a usted, de forma que obtenga un cono.

2 Con su mano izquierda, lleve la esquina larga de la izquierda dos veces alrededor del borde del cono.

3 Una la esquina con las otras dos al dorso del cono.

4 Si la manga tiene una abertura abierta en el extremo del cono, ciérrela ajustando las capas internas y externas. Mueva las capas hacia delante y atrás hasta que el cono forme una punta fina.

5 Doble dos veces las esquinas del extremo abierto dentro de la manga para evitar que se desenrolle.

consejo

Al llenar la manga, hágalo tan sólo hasta la mitad, pues su contenido podría salirse al apretarla. Una vez medio llena, cierre la manga doblando dos veces el extremo.

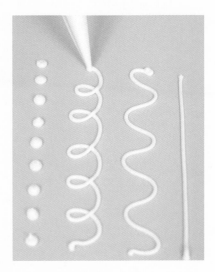

TÉCNICAS PARA DECORAR CON MANGA PASTELERA

Las técnicas para decorar con la manga pastelera anteriormente mencionadas son muy útiles para practicar con las técnicas básicas. En vez de realizar las decoraciones directamente sobre los dulces o pasteles, tome tan sólo un papel sulfurizado y cree encima las decoraciones. También puede colocar una plantilla debajo y dibujar sobre el papel con la manga. Si nunca ha trabajado con glaseado real, esta tarea es perfecta para perfeccionar su técnica, pues con la práctica se adquiere la perfección.

Primero, corte una punta pequeña en la manga previamente llena con el glaseado. Sostenga la manga con el pulgar y los dedos de su mano preferida; coloque el pulgar sobre el borde doblado de la manga de forma que ésta se mantenga firmemente cerrada, y luego coloque su dedo índice a lo largo de la juntura en el dorso de la manga. Utilice el dedo índice de la otra mano para guiar la boquilla.

FORMAR LÍNEAS

Sosteniendo la manga formando un ángulo de 45° sobre la superficie, toque el punto de partida con la punta de la boquilla y oprima lentamente el glaseado. A medida que presione la manga, vaya levantándola a unos 2,5 cm de altura y forme una línea recta trabajando hacia usted o, por ejemplo, a lo largo de los lados de una galleta. Una vez se

acerque al punto final, lleve gradualmente la manga hacia abajo, deje de apretarla y extienda la línea tocando el punto final con la punta de la manga.

FORMAR BOTONES

Sostenga la punta de la manga pastelera 1 mm sobre la superficie y oprima el glaseado para obtener un punto o botón. Mantenga la boquilla baja dentro del punto y deje que éste se extienda hasta el tamaño requerido. Una vez lo haya alcanzado, deje de oprimir la manga y levante la boquilla mientras realiza un movimiento circular. Si el botón formara un pequeño pico encima, aplánelo cuidadosamente con un pincel de artista mojado.

FORMAR FESTONES Y GUIRNALDAS

Empiece a trabajar como si fuera a formar una línea. Sostenga la manga en sentido vertical contra la superficie, toque el punto de partida con el extremo de la boquilla y oprima lentamente la manga para que salga el glaseado. A medida que trabaja, levante la manga unos 2,5 cm y llévela de un lado para otro formando movimientos circulares, superponiendo las líneas a intervalos regulares para crear festones y guirnaldas bien espaciados.

consejo

Si le resulta difícil espaciar homogéneamente los festones y las guirnaldas, marque los puntos donde se encontrarán los lazos y utilícelos como guías.

AGRADECIMIENTOS

Me ha gustado tanto escribir este libro, desde su concepto inicial hasta la creación de las recetas y fotografías en el Peggy Porschen Parlour, que he disfrutado de cada minuto.

Desde el fondo de mi corazón, me gustaría dar las gracias a todos los que me han ayudado a que *Boutique de pastelería* se convirtiera en realidad. Como siempre, ha sido un gran trabajo de equipo que no hubiera podido realizar sin la ayuda de algunas personas muy especiales.

Me gustaría agradecer a mi editor y al equipo de Quadrille Publishing, Alison Cathie, Jane O´Shea, Helen Lewis y Lisa Pendreigh, su entusiasmo y ayuda en la creación de este libro, que no habría sido posible sin su colaboración.

Muchas gracias a mi fotógrafa favorita, Georgia Glynn Smith, que una vez más ha creado fotografías mágicas. A la talentosa estilista Vicky Sullivan, por idear el marco perfecto para mis pasteles. Y a Helen Bratby por diseñar este libro magnífico. Estoy muy contenta de que todos hayan formado parte del equipo, pues no podría haberlo hecho sin su ayuda.

También me gustaría agradecer la colaboración de la maravillosa artista Carol Guillott por proporcionarnos la bonita ilustración de la portada. Soy una admiradora de su trabajo desde hace mucho tiempo, y estoy deseando volver a colaborar con ella.

Me gustaría agradecer a Mark Shipley su valiosa experiencia y sus conocimientos. A mi colega Stephanie Balls por ayudarme con el concepto inicial de *Boutique de pastelería* y por estar siempre cerca cuando me quedaba sin aliento. Muchísimas gracias a mi talentosa pastelera Marianne Steward, que ha jugado un papel clave en el desarrollo de algunas de las recetas más deliciosas de este libro. Y también a mi equipo de decoradores de pasteles, Cinthia Panariello, Francisca Thomczik, Maxie Giertz, Naomi Lee e Incola Fürle, cuyo valioso trabajo ha sido necesario a través de la producción del libro.

Gracias también a mis encantadoras dependientas, Zane Sniedze, Laura McGowan, Patience Harding, Reena Mathen y Theresa Thomczik, que me han alegrado con sus bonitas sonrisas.

Muchas gracias también a nuestra modelo, la encantadora Eleanor Jones por comer más pastelitos sobre cucuruchos que cualquier niño de su edad debería comer, y a Javier y a Toni, de By Appointment Only Design, por realizar los bonitos arreglos florales.

Me gustaría aprovechar la oportunidad para dar las gracias a todo el equipo de Peggy Porschen Cakes, por nuestro fantástico primer año y por lograr que el salón sea el mejor lugar para comer pasteles en Londres. Me siento muy afortunada por tener un equipo tan talentoso y entusiasta y poder trabajar con él.

Un especial agradecimiento a mi querida tía abuela Anita Leibel y a su nieto Fabian, quienes han coleccionado las más hermosas piezas de porcelana, muchas de las cuales se han empleado en las fotografías de este libro. Desde entonces, me he aficionado a coleccionar porcelana antigua, que no cesa de aumentar.

Me gustaría dar las gracias a mi padre, Lee Pollock, y a Toni Franken, Brian Ma Siy y Chalkley Calderwood por ayudarme a convertir en realidad mi visión creativa del salón, y a todos los proveedores que nos han acompañado desde el principio.

También muchas gracias a todos nuestros clientes, pasados y presentes, por su ayuda y confianza, que nos han permitido que Peggy Porschen Cakes haya pasado de ser un pequeño negocio a la marca actual.

Por último, un profundo agradecimiento a mi familia por proporcionarme todo su apoyo y ayuda siempre que los he necesitado.

PROVEEDORES

Gran parte de los utensilios e ingredientes empleados en la creación de los pasteles y preparaciones de este libro están disponibles en proveedores especializados en decoración de pasteles, aunque cada vez más a menudo dichos artículos pueden encontrarse en supermercados y tiendas culinarias.

Mi propia web, **www.peggyporschen.com**, incluye una tienda en línea donde puede comprar utensilios para decorar pasteles e ingredientes, así como gran variedad de cortapastas y otros productos para hornear. Además, encontrará una pequeña selección de confituras caseras y tés exclusivos disponibles en Peggy´s Pantry.

Cada año imparto una serie de clases en la Peggy Porschen Academy, por lo que si lo que desea es perfeccionar su manejo de la manga pastelera para crear pasteles irresistibles, o mejorar sus habilidades pasteleras para preparar deliciosos *cupcakes* decorados con ramilletes de flores silvestres, siempre podrá seguir el curso adecuado.

Peggy Porschen Academy
30 Elizabeth Street
Belgravia
Londres SW1W 9RB
www.peggyporschen.com

Cada mañana, mi equipo profesional de panaderos y reposteros prepara una amplia gama de pasteles, *cupcakes*, galletas y otras delicias para las personas que visitan el Peggy Porschen Parlour, ya sea para disfrutar in situ de una de estas especialidades acompañadas de un té o café, o para llevársela para su merienda. Espero que haya disfrutado de las recetas de este libro. Estaremos encantados de recibir su visita.

Peggy Porschen Parlour
116 Ebury Street
Belgravia
Londres SW1W 9QQ
www.peggyporschen.com

ÍNDICE